"十三五"高职高专物流管理校企合作系列教材

广州铁路职业技术学院资助出版

物流智能设备与应用

WULIU ZHINENG
SHEBEI YU
YINGYONG

主　编　荆振坤　阳　群
副主编　郑山水　贺才伟

广东高等教育出版社
Guangdong Higher Education Press

·广州·

图书在版编目（CIP）数据

物流智能设备与应用/荆振坤,阳群主编. —广州：广东高等教育出版社，2019.12（2022.2重印）

ISBN 978-7-5361-6660-8

Ⅰ.①物… Ⅱ.①荆…②阳… Ⅲ.①智能技术-应用-物流管理-设备管理-高等职业教育-教材 Ⅳ.①F252.9

中国版本图书馆 CIP 数据核字（2019）第 296426 号

出版发行	广东高等教育出版社
	社址：广州市天河区林和西横路
	邮编：510500　营销电话：(020) 87551597　87553735
	http://www.gdgjs.com.cn
印　刷	广州小明数码快印有限公司
开　本	787 毫米×1 092 毫米　1/16
印　张	9
字　数	213 千
版　次	2019 年 12 月第 1 版
印　次	2022 年 2 月第 2 次印刷
定　价	28.00 元

（版权所有，翻印必究）

前　言

21世纪以来，科学技术尤其是计算机技术的发展，使物流行业迅猛发展。我们希望现代物流设备与设施能摆脱传统的局限性，不仅实现信息化，而且实现自动化，甚至两者结合，智能化方兴未艾。基于物联网、云计算的物流业发展不断优化，本书得以出版。

编者结合多年来在物流生产、教学科研、物流认证培训等方面的经验编写了本书。本书根据《高等职业教育物流管理专业紧缺人才培养指导方案》的要求，系统介绍了物流中信息、条码、射频、仓储、POS（销售终端）、GIS（地理信息系统）与GPS（全球定位系统）等技术的理论、方法及应用。本书体现了以下特色。

1. 注重理论联系实际，注重案例教学和技能训练，注重培养实操能力。

2. 以学生为中心，基于工作过程设计项目化教学。

3. 编写体例贯穿"项目—学习任务—学习目标—技能实训"的主线。每个项目后面还设有思考题。

本书既可以作为高职院校物流管理专业的教学用书，也可以作为从事物流工作的技术和管理人员的技术培训教材，还可以作为物流企业及工商企业物流管理人员的参考读物。

参与本书编写的有广州铁路职业技术学院的荆振坤、阳群、郑山水，以及广州晶桥科技有限公司的贺才伟工程师。在本书的编写过程中，借鉴了本领域的许多优秀著作、研究成果及相关案例，在此向有关作者和单位致以诚挚的谢意。广州晶桥科技有限公司为本书的实训项目进行了策划指导，广东高等教育出版社为本书的编写、修改和最后的出版付出了辛勤的劳动，在此一并表示衷心感谢。

由于本书编写时间较紧,加之水平有限,书中难免有不足之处,衷心地希望各位专家、读者给予批评指正!

编　者

2019 年 8 月

目　录

项目一　物流信息技术认知 …………………………………………（ 1 ）
　　任务一　数据、信息与物流信息 ……………………………………（ 1 ）
　　任务二　物流信息技术 ………………………………………………（ 3 ）

项目二　物流信息系统 …………………………………………………（ 5 ）
　　任务一　认识 ERP ……………………………………………………（ 5 ）
　　任务二　ERP 实操 ……………………………………………………（ 8 ）
　　任务三　认识第三方物流 ……………………………………………（ 11 ）
　　任务四　第三方物流信息实操 ………………………………………（ 16 ）

项目三　物流条码技术 …………………………………………………（ 24 ）
　　任务一　认识条码 ……………………………………………………（ 24 ）
　　任务二　一维条码 ……………………………………………………（ 28 ）
　　任务三　二维条码 ……………………………………………………（ 37 ）
　　任务四　条码制作及打印 ……………………………………………（ 41 ）
　　任务五　条码操作实训 ………………………………………………（ 47 ）

项目四　物流射频技术 …………………………………………………（ 53 ）
　　任务一　RFID 阅读器及其安装和使用 ……………………………（ 53 ）
　　任务二　RFID 阅读器的安装、使用和维护 ………………………（ 62 ）
　　任务三　射频技术典型案例实操 ……………………………………（ 67 ）

项目五　智能仓储 ………………………………………………………（ 79 ）
　　任务一　认识立体仓库 ………………………………………………（ 79 ）
　　任务二　常见的仓储设备 ……………………………………………（ 86 ）
　　任务三　仓储机器人 …………………………………………………（ 92 ）
　　任务四　认识仓库中的电子标签 ……………………………………（ 94 ）

项目六　销售终端 ·· (104)
任务一　认识 POS 技术 ·· (104)
任务二　POS 机安装、操作与维护 ·· (111)
任务三　POS 系统应用实操 ·· (113)

项目七　GIS 与 GPS 技术 ·· (119)
任务一　认识地理信息系统（GIS） ·· (119)
任务二　认识 GPS 全球定位系统 ··· (123)
任务三　GIS 的应用实训 ·· (130)
任务四　GPS 的应用实践 ··· (133)

参考文献 ··· (137)

项目一　物流信息技术认知

学习目标

知识目标
1. 掌握数据、信息和物流信息的基本概念。
2. 了解主要物流信息技术的概念及作用。

技能目标
1. 能区分信息和数据。
2. 能利用 Office 工具简单处理物流信息。
3. 对物流中使用的信息技术有整体的认识。

任务一　数据、信息与物流信息

一、数据

1. 数据的定义

数据是人们用来反映客观事物的性质、属性以及相互关系的符号，包括任何字符、数字、图形、图像和声音等。例如"图书馆的高度是 5 层"，其中"图书馆""高度""5 层"就是数据，通过这些数据的描述，我们对客观世界有一个清晰的认识。

2. 大数据

大数据，指无法在一定时间范围内用常规软件工具进行捕捉、管理和处理的数据集合，是需要新处理模式才能具有更强的决策力、洞察发现力和流程优化能力的海量、高增长率和多样化的信息资产。大数据很抽象，它泛指巨量的数据集，因可从中挖掘出有价值的信息而受到重视。

二、信息

1. 信息的定义

信息是指能够反映事物内涵的知识、资料、情报、图像、数据、文件、语言、声音等，是事物的内容、形式及其发展变化的反映。

2. 信息的特点

（1）客观性。指信息所反映、表达、传送的关于某一客观系统中某一事物的某一方面属性或在某一时刻的客观情况。

（2）时效性。信息的最大特点在于它的不确定性，千变万化，稍纵即逝。一个信息如果超过了其价值的实用期就会贬值，甚至毫无用处。

（3）滞后性。信息是经过加工的数据，经过加工的数据总是落后于事物本身；从时间上讲，信息总是落后于事实的。

（4）可传递性。信息一方面依附于一定的物质载体，借助于一定的信道进行传递；另一方面，人们要获得、感受、接受信息，也必须依赖于信息的传递。没有传递就没有信息。

（5）可处理性。信息是事物存在方式和运动状态的反映，但可能是错误的或表象的反映。要正确利用信息就必须正确地处理，对信息进行加工转化，以便使用。

（6）可共享性。信息经过传播扩散后可供不同领域的人共同使用。

三、物流信息

1. 物流信息的定义

《中华人民共和国国家标准：物流术语》（GB/T 18354—2006）对物流信息的定义：反映物流各种活动内容的知识、资料、图像、数据、文件的总称。

从狭义上说，物流信息是指与运输、装卸、搬运、保管、包装、流通加工等物流基本活动相关的信息，对运输管理、库存管理、订单管理等物流活动具有支持保证作用。

从广义上说，物流信息不仅仅指与物流活动直接有关的信息，还包括与物流活动间接相关的信息，如商品交易信息、市场信息、交通情况等。

2. 物流信息的特点

（1）数量大、分布广。物流连接了生产和消费，在整条供应链上产生的信息都属于物流信息的组成部分。信息来源广泛、信息量巨大。

（2）动态性强、更新快。现代物流的特点之一是物流服务供应商千方百计地满足客户个性化的服务需求，多品种小批量生产、配送，由此产生大量的新信息，原有的数据需要不断更新。

（3）种类多。物流信息不仅涉及物流系统内部各个环节不同种类的信息，还涉及与物流系统紧密联系的其他信息，如生产信息、市场信息等。

（4）复杂性。由于物流信息数量大、分布广、动态性强、更新快以及种类多，造成了物流信息的复杂性。需要用科学的方法并借助一定的技术手段对物流信息进行处理才能得到有价值的物流信息。

3. 物流信息的作用

（1）沟通联系的作用。物流系统是由许多行业、部门以及众多企业构成的经济大系统。系统内部通过各种指令、计划、文件、数据、报表等物流信息建立起各种纵向和横向的联系，沟通生产厂家、批发商、零售商、物流服务商和消费者，满足各方面的需要。因此，物流信息是沟通物流活动各环节之间联系的桥梁。

（2）引导和协调作用。依靠物流信息及其反馈，可以引导物流运作的变动和物流

布局的优化；协调物资结构，使供需间平衡；协调物流资源的配置，促进物流系统的整合和合理使用。

（3）管理控制的作用。用信息化代替传统的手工作业，实现物流运行、服务质量和成本等的管理控制。

（4）辅助决策的作用。物流信息是制定决策方案的重要基础和关键依据，它可以辅助管理人员进行车辆调度、库存管理、设施选址、流程设计等方面的决策，有助于提高物流企业的科学管理和决策水平。

任务二　物流信息技术

一、信息技术

信息技术是指利用计算机、网络、广播电视等各种硬件设备及软件工具与科学方法，对文、图、声、像各种信息进行获取、加工、存储、传输与使用的技术之和。

信息技术的应用包括计算机硬件和软件、网络和通信技术、应用软件开发工具等。自计算机和互联网普及以来，人们已日益普遍地使用计算机来生产、处理、交换和传播各种形式的信息，如书籍、商业文件、报纸、杂志、唱片、电影、电视节目、语音、图形、图像等。

二、物流信息技术

物流信息技术指在物流各个作业环节应用的信息技术，主要由以计算机技术和网络通信技术为核心的各种信息技术以及管理信息系统组成。

根据物流的功能以及特点，物流信息技术包括计算机技术、网络技术、信息分类编码技术、条码技术、射频识别技术、电子数据交换技术、全球定位系统、地理信息系统、智能技术等。物流信息技术是现代物流的基础和灵魂，是物流现代化的标志。

三、主要的物流信息技术

1. 条码技术

条码技术是在计算机的应用实践中产生和发展起来的一种自动识别技术，为我们提供了一种对物流中的货物进行标识和描述的方法。条码技术具有输入速度快、可靠准确、成本低、信息量大等特点。条码是实现销售点终端（point of sales，POS）系统、电子数据交换、电子商务、供应链管理的技术基础。

2. 射频识别技术

射频识别技术（radio frequency identification，RFID）是一种非接触式的自动识别技术，它是基于电磁感应、无线电波或微波进行非接触双向通信，从而达到识别和交换数据的目的。识别工作无须人工干预，可工作于各种恶劣环境，并且阅读速度极快。短距离射频产品不怕油渍、灰尘污染等恶劣的环境,可以替代条码,例如用在工厂的流水线上跟踪物体;长距离射频产品多用于交通上,识别距离可达几十米,如自动收费或识别车辆身份等。

3. 全球定位系统

全球定位系统(global positioning system,GPS)利用导航卫星进行测试和测距,具有在海、陆、空进行全方位实时三维导航与定位的能力。GPS在物流领域广泛应用于车辆跟踪、调度等方面。

4. 地理信息系统

地理信息系统(geographic information system,GIS)是在计算机硬件、软件系统支持下,对整个或部分地区表层(大气层)空间中的有关地理分布数据进行收集、存储、管理、运算、分析、显示和描述的技术系统。

5. 管理软件

物流管理软件包括仓储管理系统(warehouse management system,WMS)、运输管理系统(transportation management system,TMS)、订单管理系统(order management system,OMS)、货运管理系统(freight management system,FMS)、供应链管理系统(supply chain management system,SCMS)等。

思考题

1. 数据和信息有什么不同?
2. 主要的物流信息技术有哪些?

项目二 物流信息系统

学习目标

知识目标

1. 认识 ERP 原理，学习制造企业管理的基本知识与流程。
2. 掌握 ERP 软件的基本操作与资料维护。
3. 认识第三方物流，掌握第三方物流的基本运作流程与管理知识。
4. 掌握第三方物流软件的基本操作与维护。

技能目标

1. 能了解制造企业的管理原理与流程。
2. 能掌握 ERP 管理软件的安装、使用与调试。
3. 能了解第三方物流企业的管理原理与流程。
4. 能掌握第三方物流管理软件的安装、使用与调试。

任务一 认识 ERP

一、ERP 背景知识

1. ERP 的概念

ERP 的全称为 enterprise resource planning，即企业资源计划，由美国 Gartner Group（高德纳，又译顾能公司）咨询公司在 1993 年首先提出。作为当今国际上一个最先进的企业管理模式，它在体现当今世界最先进的企业管理理论的同时，也提供了企业信息化集成的最佳解决方案。它把企业的物流、商流、资金流、信息流统一起来进行管理，以求最大限度地利用企业现有资源，实现企业经济效益的最大化。

2. ERP 系统的特点

（1）先进性。ERP 系统采用了计算机最新的主流技术和体系结构：B/S 结构（Browser/Server，浏览器/服务器模式）、Internet 体系结构、Windows 界面，在能通信的地方都可以方便地接入到系统中来。物流管理系统采用了制造业的 MRP（material requirement planning，即物资需求计划）管理思想、FMIS（finance management information system，即财物管理信息系统）有效地实现了预算管理、业务评估、管理会计、ABC 成本归集方法等现代基本财务管理方法；人力资源管理系统在组织机构设计、岗位管理、薪酬体系以及人力资源开发等方面同样集成了先进的理念。

（2）集成性。ERP系统是一个在全公司范围内应用的、高度集成的系统。数据在各业务系统之间高度共享，所有源数据只需在某一个系统中输入一次，保证了数据的一致性。对公司内部业务流程和管理过程进行了优化，主要的业务流程实现了自动化。

在企业中，一般的管理主要包括三方面的内容：生产控制（计划、制造）、物流管理（分销、采购、库存管理）和财务管理（会计核算、财务管理）。这三大系统本身就是集成体，它们互相之间有相应的接口，能够很好地整合在一起对企业进行管理。另外，随着企业对人力资源管理的重视，已经有越来越多的ERP厂商将人力资源管理纳入了ERP系统的一个重要组成部分。

3. ERP系统的管理思想

ERP的核心管理思想就是实现对整个供应链的有效管理，主要体现在以下三个方面。

（1）体现对整个供应链资源进行管理的思想。现代企业的竞争已经不是单一企业与单一企业间的竞争，而是一个企业供应链与另一个企业供应链之间的竞争，即企业不但要依靠自己的资源，还必须把经营过程中的有关各方如供应商、制造工厂、分销网络、客户等纳入一个紧密的供应链中，才能在市场上获得竞争优势。ERP系统正是适应了这一市场竞争的需要，实现了对整个企业供应链的管理。

（2）体现精益生产、同步工程和敏捷制造的思想。ERP系统支持对混合型生产方式的管理，其管理思想表现在两个方面：其一是"精益生产（lean production）"的思想，即企业把客户、销售代理商、供应商、协作单位纳入生产体系，同他们建立起利益共享的合作伙伴关系，进而组成一个企业的供应链。其二是"敏捷制造（agile manufacturing）"的思想。当市场上出现新的机会，而企业的基本合作伙伴不能满足新产品开发生产的要求时，企业组织一个由特定的供应商和销售渠道组成的短期或一次性供应链，形成"虚拟工厂"，把供应和协作单位看成是企业的一个组成部分，运用"同步工程"组织生产，用最短的时间将新产品打入市场，时刻保持产品的高质量、多样化和灵活性，这即是"敏捷制造"的核心思想。

（3）体现事先计划与事中控制的思想。ERP系统中的计划体系主要包括：主生产计划、物流需求计划、能力计划、采购计划、销售执行计划、利润计划、财务预算和人力资源计划等，而且这些计划功能与价值控制功能已完全集成到整个供应链系统中。另外，ERP系统通过定义事务处理相关的会计核算科目与核算方式，在事务处理发生的同时自动生成会计核算分录，保证了资金流与物流的同步记录和数据的一致性。从而根据财务资金现状，可以追溯资金的来龙去脉，并进一步追溯所发生的相关业务活动，便于实现事中控制和实时做出决策。

4. ERP给企业带来的益处

ERP给企业带来的益处主要有以下几点：

（1）库存下降30%~50%。

（2）延期交货率减少80%。

(3)采购提前期缩短50%。
(4)停工待料现象减少60%。
(5)制造成本降低12%。
(6)管理水平提高,管理人员减少10%,生产能力提高10%~15%。

二、ERP与物流

在生产经营中,主要的物流活动可分为供应物流、生产物流、社会物流、销售物流和废弃物回收物流等。

ERP系统是高度集成的企业信息管理系统。ERP设计的总体思路有三条干线:供应链管理、生产管理、财务管理。企业的主要目的是赢利,各项活动和功能模块要考虑归集到财务的数据,财务应是各项业务的归集中心。这是大多数ERP业务处理的主流业务。ERP系统围绕这三条干线的模块化分为:物流管理模块系列、生产管理模块系列、财务管理模块系列。

ERP系统的物流管理除包括了供应链的物流外,还有物料流通体系的运输管理、仓库管理以及在线物料信息流等。主要可分为原材料及设备采购供应阶段(即采购物流)、生产阶段、销售配送阶段,这三个阶段便产生了企业横向上的三段物流。

(1)供应物流。供应物流指将采购的原材料、零部件由供应商处运入厂内,包括由销售点回收(采购)容器,以重复使用的回收物流。

(2)生产物流。生产物流指将所采购的原材料和零部件入库、保管、出库。即将其生产的产品(商品)运到物流中心、厂内或其他工厂的仓库。物流中心、工厂仓库的这种将产品进行入库、保管、出库等一系列的产品流动称为厂内物流,厂内物流还包括在物流中心和工厂仓库进行运输包装、流通加工等。

(3)销售物流。将商品从工厂、物流中心或外单位的仓库送到批发商、零售商或消费者手中的运输、配送称为销售物流。销售物流还包括将商品送到外单位仓库的运输和配送。

(4)废弃物回收物流。废弃物回收物流指有关废弃的包装容器、包装材料等的运输、验收、保管和出库。

生产管理模块系列将企业的整个生产过程有机地结合在一起,使企业能够有效地降低库存,提高效率。同时各个原本分散的生产流程的自动连接,也使生产流程能够前后连贯地进行,而不会出现生产脱节,耽误生产交货时间。生产管理模块系列自ERP产生起,就已作为ERP的核心。

在企业中,清晰分明的财务管理是极其重要的。ERP中的财务模块与一般的财务软件不同,作为ERP系统中的一部分,财务管理模块和ERP系统的其他模块有相应的接口,能够相互集成。一般的ERP软件的财务部分分为财务会计与成本会计两大块。

任务二　ERP 实操

本任务主要是以络捷斯特公司的物流软件为例,从系统功能、需求方面进行讲解,阐述 ERP 的功能结构及其预期的输入和输出。本文档的预期读者是 ERP 系统的设计人员、测试人员、验收人员、操作人员等。

一、企业 ERP 系统的物流岗位设置

企业物流一般可以设置以下岗位。

(1) 采购或进货管理组。负责订货、采购、进货等作业环节的安排及相应的事务处理,同时负责对货物的验收工作。

(2) 储存管理组。负责货物的保管、拣取、养护等作业运作与管理。

(3) 生产计划管理组。负责按照要求对货物生产、加工制订计划。

(4) 配货组。负责对出库货物的拣选和组配(按客户要求或方便运输的要求)进行管理。

(5) 运输组。负责按客户的要求制订合理的运输方案,将货物送交客户,同时对完成配送进行确认。

(6) 营业管理组或客户服务组。负责接收和传递客户的订货信息、送达货物的信息,处理客户投诉,受理客户退换货请求。

(7) 财务管理组。负责核对配送完成表单、出货表单、进货表单、库存管理表单,协调控制监督整个配送中心的货物流动,同时负责管理各种收费发票和快递收费统计、配送费用结算等工作。

(8) 退货与退货作业组。当营业管理组或客户服务组接收到退货信息后,将安排车辆回收退货商品,再集中到仓库的退货处理区,重新清点整理。

二、系统登录和界面介绍

用户打开 IE 浏览器,输入地址进入 Logis 物流教学管理平台系统首页,如图 2 – 1 所示。

图 2－1　Logis 物流教学管理平台

点击"供应链管理"后，进入 Logis 物流综合管理平台，如图 2－2 所示。

图 2－2　物流综合管理平台

点击"采购供应管理系统"，系统会显示登录界面，在此界面输入登录名和密码后，点击"确认"即可进入系统。如图 2－3 所示。

图 2－3　采购供应管理系统登录界面

系统主界面包括工具栏、主菜单、导航栏、主工作页面和状态栏几部分。如图2-4所示。

图2-4 采购与供应系统主界面

系统会根据登录人的岗位不同显示不同的主菜单和导航栏，用户点击主菜单项，导航栏会根据菜单的不同而改变。用户点击导航栏上的按钮，在主工作页面上就会显示相应的信息内容。系统默认的主工作页面上显示的是当前用户待审批的工作事项统计，以及发给登录用户的消息通告和待执行的业务统计。用户可以点击工具栏上的"查看最新"重新显示此页面。在IE浏览器的状态栏上会显示当前时间，登录人姓名、帐号，登录部门。系统工具栏上包括"隐藏导航""查看最新""修改密码""切换系统""通讯录""在线帮助""签退"几个功能链接。

（1）点击"隐藏导航"会将系统左侧的导航栏隐藏，从而使用户拥有更大的工作空间。

（2）点击"查看最新"可以重新显示系统默认的主工作页面。

（3）点击"修改密码"会显示用户修改密码界面，用户输入新密码后点击"确定"，可以修改现有的密码。

（4）点击"切换系统"会显示"物流综合管理平台"界面。

（5）点击"通讯录"会显示系统中各机构的人员、岗位列表。

（6）点击"在线帮助"会显示系统的帮助，用户可以查看帮助以更好地理解和操作本系统。

（7）点击"签退"会退出系统，显示登录界面。

三、请购单制定

在界面上放置了"新增""修改""查看""删除"按钮，对这些按钮的操作均为通用操作，实现了对请购单的管理与维护。点击"新增"或"修改"按钮进入编辑页面后，可进行增加物料的操作，编辑后再点击"提交"按钮将信息保存至数据库，并且返回到请购单录入列表页面。用户可以从录入管理页面中再次选择一条请购单的记录进行"修改""查看"或"删除"操作。选择一条请购单,点击"提交审核"按钮,则成功提交该请购单到审核模块。请购单的审核页面如图2-5所示。

图2-5 请购单审核

此界面列表中显示的是各个请购单的信息,选择一条记录后点击"查看"按钮,即可以对该条请购单的详细信息进行查看。如图2-6所示。

图2-6 请购单查询

其他相关单证的录入方法与此相类似。

任务三 认识第三方物流

一、第三方物流概念

第三方物流(third-part logistics,简称3PL或TPL)是相对"第一方"发货人和"第二方"收货人而言的。所谓第三方物流是指生产经营企业为集中精力搞好主业,把原来属于自己处理的物流活动以合同方式委托给专业物流服务企业，同时通过信息系统与物流企业保持密切联系，以达到对物流全程管理与控制的一种物流运作与管理方式。这是由第三方专业企业来承担企业物流活动的一种物流形态。它为顾客提供以合同为约束的、以结盟为基础的，系列化、个性化、信息化的物流代理服务。

二、第三方物流服务的需求

最常见的第三方物流服务包括设计物流系统、EDI（电子数据交换）能力、报表管理、货物集运、选择承运人、货代人、海关代理、信息管理、仓储、咨询、运费支付、运费谈判等。由于业务服务方式一般是与企业签订一定期限的物流服务合同，所以有人称第三方物流为"合同契约物流（contract logistics）"。

1. 企业内部生产的需求

加强对整个供应链的管理可以大大降低企业的库存和运输成本，提高企业的长期竞争力。企业缺乏对自身的供应链进行合理的管理和整合，所以第三方物流的出现将会改善这种窘境，促进"内部生产"成本降低，如图 2-7 所示。

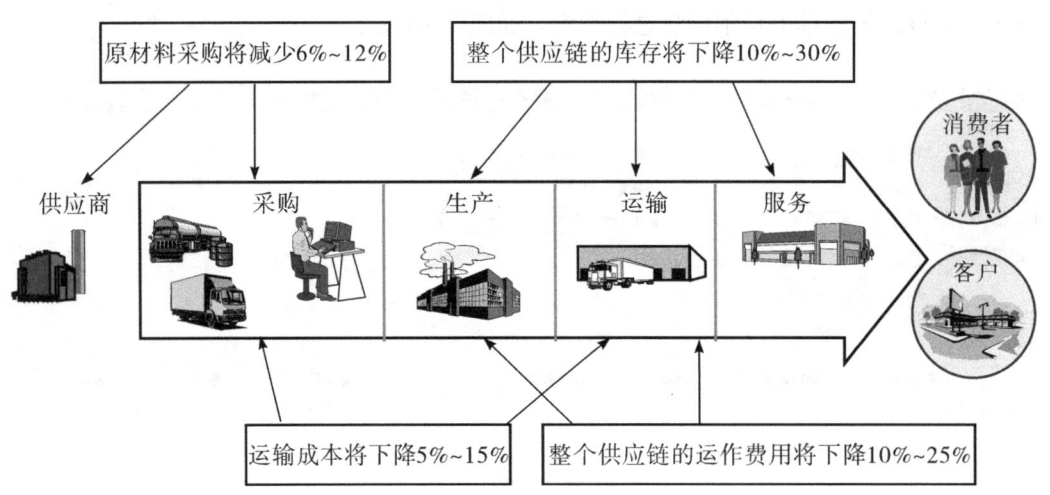

图 2-7　第三方物流促进"内部生产"成本降低

2. 企业外包市场的需求

企业外包需求主要有：集中于核心竞争力，将非核心的部分外包；成本降低和运行效率提高；减少运行资本；增加无库存生产方式（just in time，JIT）的压力，降低库存；仓储和管理费用降低。

目前，世界上第三方物流市场非常分散，以北美为例，排名前20%的供应商（11家）产生的收益为66%，即155亿美元，如图 2-8 所示。

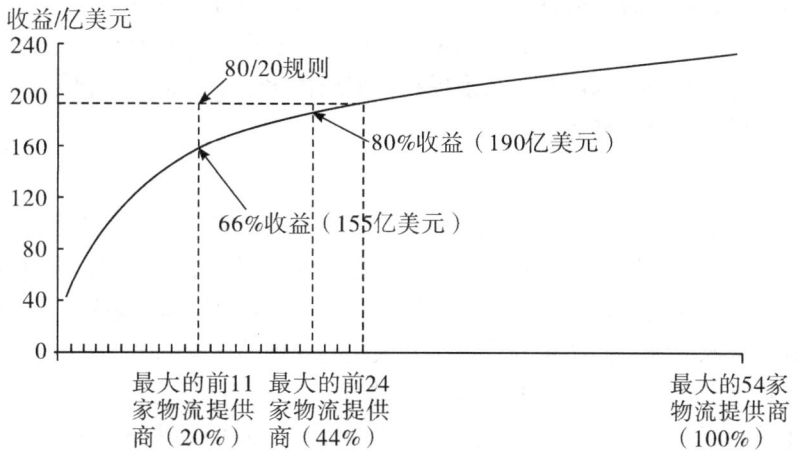

图 2-8 北美地区第三方物流的收益分布

三、第三方物流的特点及业务范围

1. 信息化

电子商务时代，物流信息化表现为物流信息的商品化、物流信息收集的数据库化和代码化、物流信息处理的电子化和计算机化、物流信息传递的标准化和实时化、物流信息存储的数字化等。因此，条码技术、数据库技术、电子订货系统、电子数据交换、公司资源计划等技术与观念在我国的物流中将会得到普遍应用。信息技术及计算机技术在物流中的应用将会彻底改变我国物流的面貌。

2. 自动化

自动化的基础是信息化，自动化的核心是机电一体化。自动化的外在表现是无人化，自动化的效果还可以扩大物流作业能力、提高劳动生产率、减少物流作业的差错等。物流自动化的设施非常多，如射频自动识别系统、自动分拣系统、自动存取系统、货物自动跟踪系统等。这些设施在发达国家已普遍用于物流作业流程中，而在我国由于物流业起步晚，发展水平低，自动化技术的普及还需要相当长的时间。

3. 网络化

物流领域网络化的基础也是信息化，物流的网络化是物流信息化的必然，是电子商务下物流活动的主要特征。物流服务为了保证对产品促销提供快速、全方位的物流支持，需要有完善、健全的物流网络体系，网络上点与点之间的物流活动保持系统性、一致性，分散的物流单体只有形成网络才能满足现代化生产与流通的需要。同时，网络内部的所有成员要有统一的服务标准，只有网络成员的服务水平共同提高了，网络的整体水平才能提高。

4. 智能化

这是物流自动化、信息化的一种高层次应用。物流作业过程大量的运筹和决策，如库存水平的确定、运输路径的选择、自动跟踪控制、自动分拣运行、物流配送中心经营管理的决策支持等问题都需要借助于大量的知识才能解决。在物流自动化的进程中，物流智能化是不可回避的技术难题。为了提高物流现代化水平，物流的智能化已成为电子商务下物流发展的一个新趋势。

5. 柔性化

柔性化本来是为实现"以顾客为中心"的理念而在生产领域提出的，但要真正做到柔性化，即真正地能够根据消费者需求的变化来灵活调节生产工艺，没有配套的柔性化能达到目的。20世纪90年代，国际生产领域纷纷推出弹性制造系统、计算机集成制造系统、制造资源系统、公司资源计划以及供应链管理的概念和技术，这些概念和技术的实质是要将生产、流通进行集成，根据需求端的需求组织生产，安排物流活动。因此，柔性化的物流正是适应生产、流通与消费的需求而发展起来的一种新型物流模式。这就要求物流配送中心要根据消费需求多品种、小批量、多批次、周期短的特色，灵活组织和实施物流作业。

四、第三方物流的业务范围

常见的第三方物流业务项目如图2-9所示。

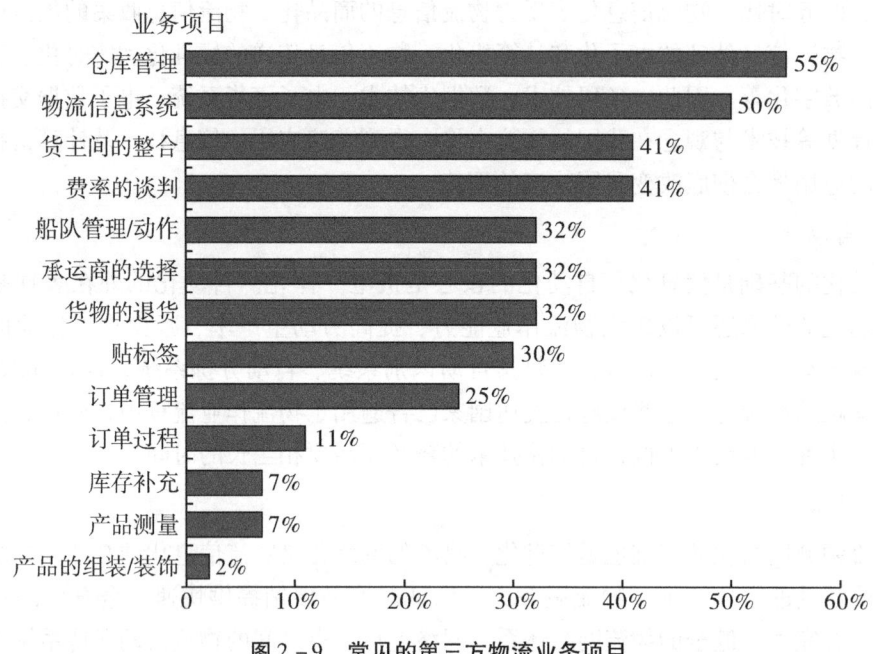

图2-9 常见的第三方物流业务项目

从图中可看出，常用的第三方物流业务项目有仓库管理、物流信息系统、货主间的整合、费率的谈判等商业活动。

五、第三方物流的现状及发展趋势

1. 加速化发展

随着我国加入WTO，许多不同层次的物流活动正借助现代高新技术的支持，从微观物流到宏观物流领域进行着一场革命。在经济市场化、市场一体化、竞争国际化的大背景下，物流加速化发展已经成为现实，这是信息时代和知识经济影响下的物流业蓬勃发展的必然趋势。

2. 国际化、高级化发展

伴随着物流国际化、物流高级化发展以及现代高新技术的迅猛发展，中国现代化物流系统各环节的作业必然会出现机械化、自动化、智能化为主的发展趋势。电子数据交换系统、卫星导航与定位、移动通信等先进信息技术将得到更广泛的应用，使第三方物流管理更加方便、适应面更广、功能更加完善。

3. 一体化发展

所谓物流一体化，就是以物流系统为核心，从生产企业经由物流企业、销售企业直至消费者的供应链的整体化和系统化，是指物流业发展的高级阶段和成熟阶段。物流业高度发达，物流系统完善，物流业就会成为社会生产链的领导者和协调者，能够为社会提供全方位的物流服务。随着市场竞争的不断加剧，企业建立竞争优势的关键已转向建立高效的物流系统的"第三利润源泉"。在这种情况下，第三方物流的一体化就成了一种必然的发展趋势。

4. 服务需求存在地区差异化趋势

不同地区的制造商对物流服务的需求存在差异。比如北美大部分制造商偏向能够提供整体供应链管理服务的元器件分销商，而不是那些专业从事运输和仓储服务的物流公司。如今对供应链服务的许多咨询来自元器件供应商，他们希望整体供应链管理服务商能预测物料需求，平衡库存和保持合理的安全库存，并为世界各地的生产线提供准时的物料运送。这些服务是分销业务模式中的核心内容。没有物料管理和部分物流服务的分销业务并不多见。

5. 第四方物流的兴起

第四方物流成功的关键，是以"行业最佳"的物流方案为客户提供服务与技术。而第三方物流要么独自提供服务，要么通过与自己有密切关系的转包商来为客户提供服务，它不大可能提供技术、仓储和运输服务结合的最佳组合。因此，第四方物流就成了第三方物流的协助提高者，也是货主的物流方案集成商。在整个物流供应链中，第三方物流和第四方物流在服务上更多的是互补和合作，只有这样，才能使物流成本最小化。于是，第四方物流以及更高形式的供应链管理和虚拟产业链管理正逐渐兴起。

任务四　第三方物流信息实操

一、软件介绍

物流教学软件是整个物流实训过程的神经中枢，计算机及办公硬件是实训的基础平台，物流专用设备是物流实训的重点。所以，物流实训软件必须具有先进性、实用性、可操作性，专用设备应该达到国际领先水平，又具有广泛的应用性。

第三方物流系统主要功能包括基础资料管理、订单管理、仓储管理、运输管理、商务结算管理、统计分析管理、客户网上服务管理，如图2-10所示。综合实现并能够满足整个第三方物流各个执行环节的业务运作和管理决策的需要，各系统能独立使用，又能集成使用。

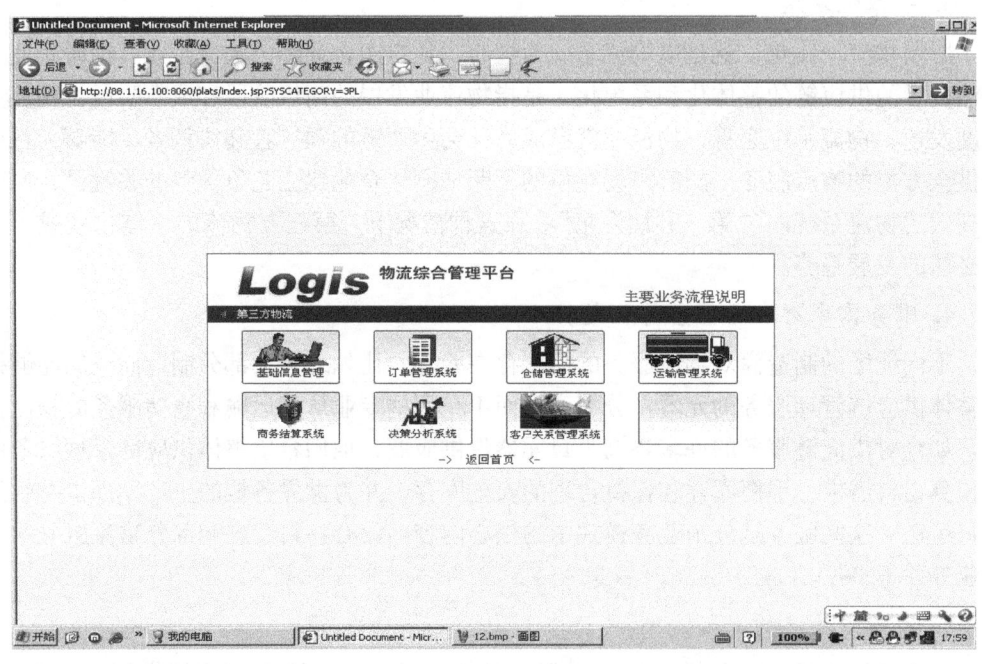

图2-10　第三方物流系统初始界面

1. 基础资料管理

第三方物流基础资料管理主要功能如图2-11所示。

（1）物流运作资源管理：设备资源管理、人力资源管理、车辆资源管理、运力管理（要求能够管理海、陆、空多种运力资源）、资源利用率查询等。

（2）客户管理：项目管理、客户信息管理、客户信用评估管理。

（3）物流供应商管理：物流供应商信息管理、物流供应商信息评估管理。

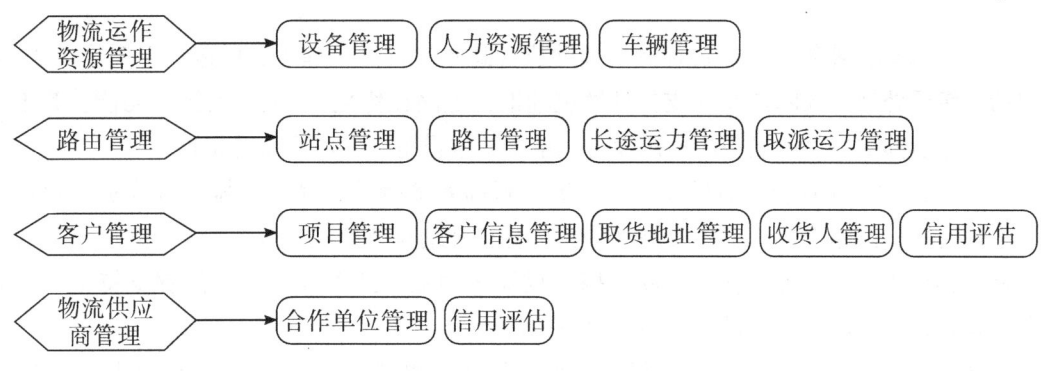

图 2-11 第三方物流基础资料管理主要功能

2. 订单管理

订单是指物流指令，是整个物流运作的入口和依据，是整个系统的内在驱动力之一，要能够支持入库订单、出库订单、流通加工订单、运输订单、配送订单、退货入库订单、退货出库订单、退货加工订单、复合订单等。订单管理包括订单录入、订单查询、订单跟踪等功能，如图 2-12 所示。

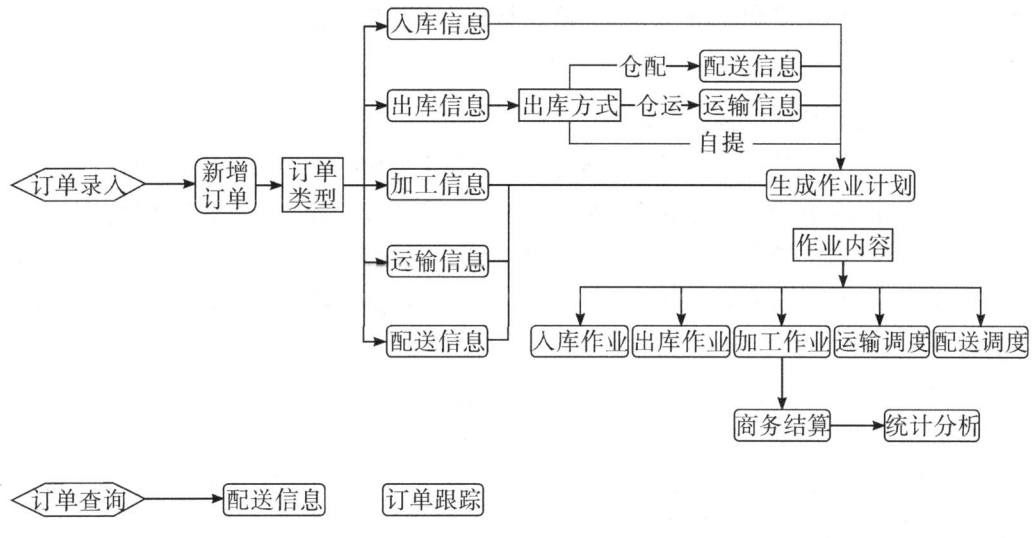

图 2-12 第三方物流订单管理主要功能

3. 仓储管理

仓储管理包括仓储资源的管理和业务运作流程的实现。其主要包括以下仓储运作和增值服务功能。

（1）仓储基础设施管理。网络化库房管理，包括库房、区、货位等的管理。

（2）货品（物料）管理。对货品的管理属性和作业属性进行管理。

（3）策略管理。对系统自动上架和拣货作业的策略的管理、库龄管理策略管理、库存监控策略管理、作业流程（标准流程、个性化流程）配置管理、ABC 分类配置管理等。

（4）入库作业管理。通过计算机辅助执行高效的收货、理货、搬运、上架等作业，包括入库预处理、入库作业（支持计算机辅助行走路径优化）、入库反馈等功能，其中入库作业能够支持手持设备、条码设备、电子拣选设备、立库设备等接口。

（5）出库作业管理。通过计算机辅助执行高效的拣选、品检、搬运等作业，包括出库预处理、出库作业、出库反馈（支持计算机辅助拣货路径优化）、联合拣货（波次拣货）预处理、联合拣货作业、联合拣货反馈等功能，其中入库作业能够支持手持设备、条码设备、电子拣选设备、立库设备等接口。

（6）流通加工作业管理。执行流通加工作业，如打印/贴标签、更换包装、组装/拆卸等工作，包括流通加工作业预处理、流通加工作业、流通加工作业反馈等功能。

（7）库存管理。库存综合查询、可视化库存管理、库龄管理、库存监控、ABC 分类等功能。

（8）其他作业。移库作业、盘点作业等。

（9）反向物流管理。退货/回收服务（客户退货、加工、退回供应商等）。

仓储管理功能旨在通过计算机的辅助和优化（辅助上架、拣货、预警告知等），并通过自动化设备的调度和使用，提高仓储作业的效率并减少仓储管理的成本。

4. 运输管理

运输管理要支持运输企业常见的三种模式，即运输自营、运输外包和配送，并有不同的功能模块来体现其运作的不同。运输管理模块主要包括运输基础信息管理、运输调度管理、场站作业管理、财务审核与结算管理、查询统计管理和异常管理等部分。

（1）运输基础信息管理。包括运力资源管理、运输路由（线路）管理等功能。系统可以管理所有的自有和分供方的运力资源，公路、铁路、航空，自有、分供方、临时运力资源"一视同仁"，纳入系统进行统一管理/调度。运输路由（线路）则根据系统能够控制的运力资源进行编排，作为运输调度优化的依据。

（2）运输调度管理。包括运单起点站的取货调度、运单终点站的派送调度、长途运输的集货调度、路由（运输线路）安排、货物中转调度和运单跟踪等功能，实现运单及其货物的全过程调度、管理和跟踪服务。

（3）场站作业管理。根据调度指令实现运单货物的取货、派送、取/送港、出站扫描、入站扫描、货签打印等功能。整个场站操作可以与手持设备无缝集成，实现作业的高效和准确。

（4）查询统计管理。包括运单查询、运单跟踪、应收应付查询、综合查询等功能，并以文字、图表等多种方式进行展现。

（5）异常处理。系统针对客户服务、运输调度、场站作业等多个环节的业务运转中可能产生的异常情况进行定义，包括异常的报告、处理等流程。

（6）配送管理。实现市内及区域配送的调度和操作管理，主要包括配送车辆调度、

配送车辆操作、签收录入等处理。

（7）运输外包管理。实现运输外包调度管理、运输外包信息反馈管理、运输外包回单处理等。

（8）GPS 跟踪管理。实现与 GPS 系统的集成接口，进行车辆的路径规划、实施监控、预警、回放等操作。

5．商务结算管理

商务结算管理主要针对客户、外部物流资源提供商、作业人员的合约（合同）和结算进行管理。包括费率管理、费用结算、账单管理（生成、跟踪、核销）等功能。

（1）费率管理。费率管理实现各种物流运作费率的设置，主要包括：①仓租费率设置，按面积、体积、货位个数等租用；②仓储占用费率设置，按实际占用大小计费；③作业费率设置，出入库、加工费率的设置；④运输费率设置，按照两地、里程、件数/重量/体积分段设置运输费率；⑤合作单位费率设置，对于合作单位运输费率的设置。

（2）费用结算管理。在具体的仓储作业过程、日期轮换过程、运输/配送作业过程以及系统根据设置的费率自动计算过程中应收或者应付的费用。

（3）账单管理。针对应收或者应付的费用，实现应收应付账单的生成、处理和查询等操作。

6．统计分析管理

决策分析管理提供管理人员的驾驶舱，从仓储运营、运输运营的角度进行综合的业务和管理分析，需要以直观的数据加图表的方式进行展现。主要包括仓储营运中心和运输营运中心。

（1）仓储营运中心。库房利用率分析、库存分析（按库房、客户、货品类型）、作业分析（按库房、客户、货品类型、作业类型）、收入分析（按客户、库房）。

（2）运输营运中心。运输货量统计、客户业务统计、站点统计、线路统计等。

7．客户网上服务管理

客户网上服务管理是客户服务的窗口，主要提供客户订单/运单委托、订单/运单查询、库存查询、交易查询等功能，实现综合的客户服务，提高客户服务质量。

二、典型任务——入库操作

我们以入库操作为例，说明第三方物流信息系统的操作流程。

（1）信息员在系统中录入订单（http://服务器 IP:8060/plats），登录界面如图 2－13 所示。

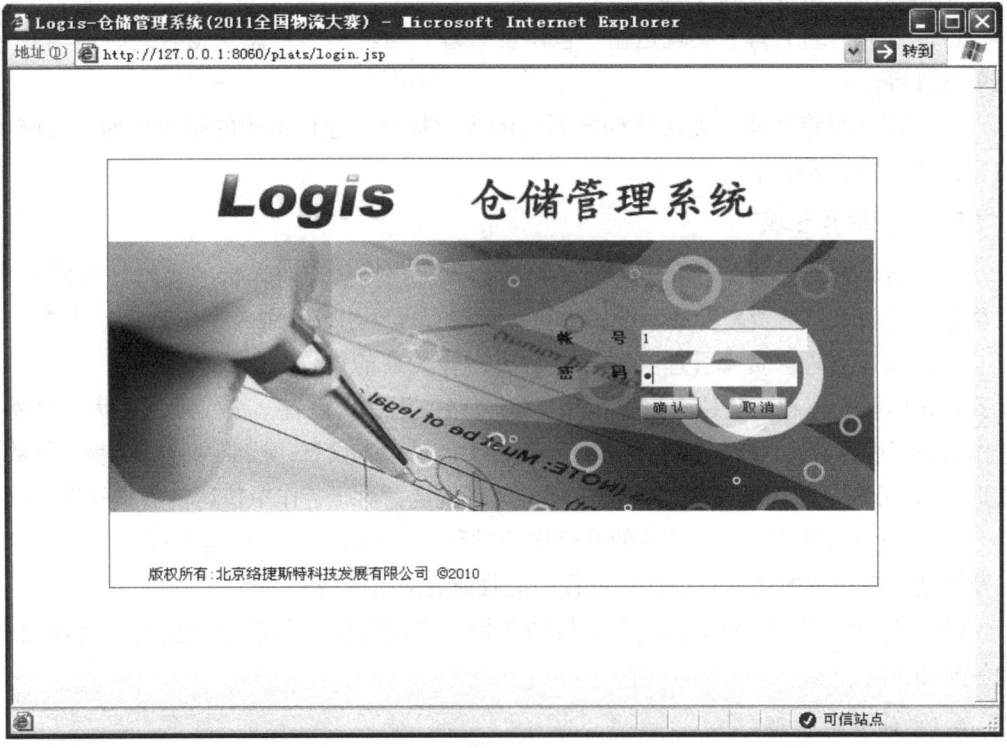

图 2-13　第三方物流仓储管理系统登录界面

（2）输入分配的账号登录，登录后界面如图 2-14 所示。

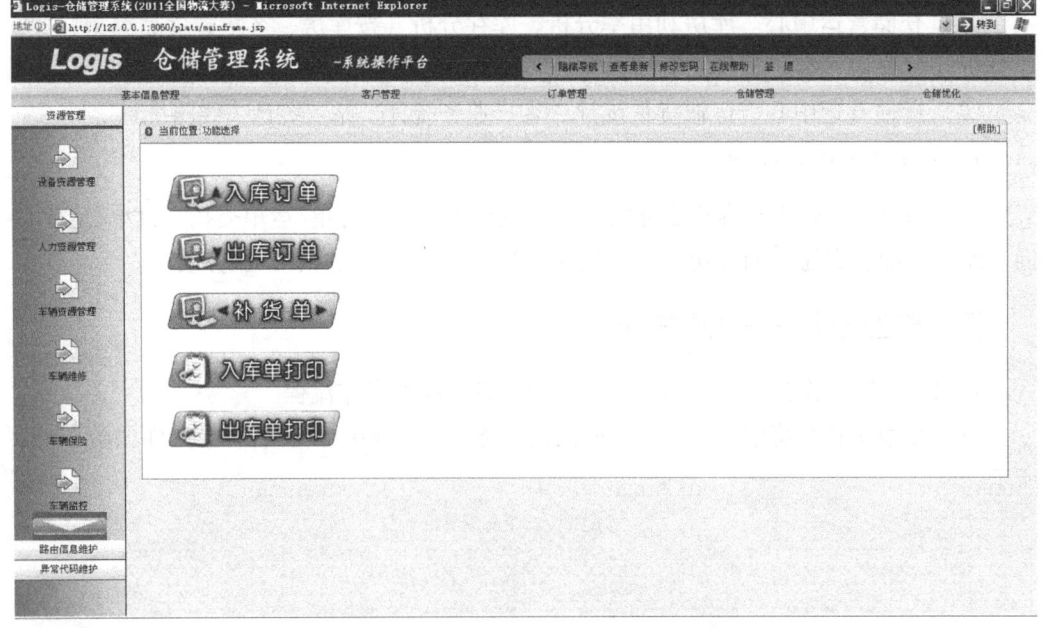

图 2-14　仓储管理系统的订单操作功能

（3）点击"查看最新"即可显示进入模块的快捷方式，点击相应的按钮，进入对应的模块，点击"入库订单"，则跳转到入库订单页面，如图2–15所示。

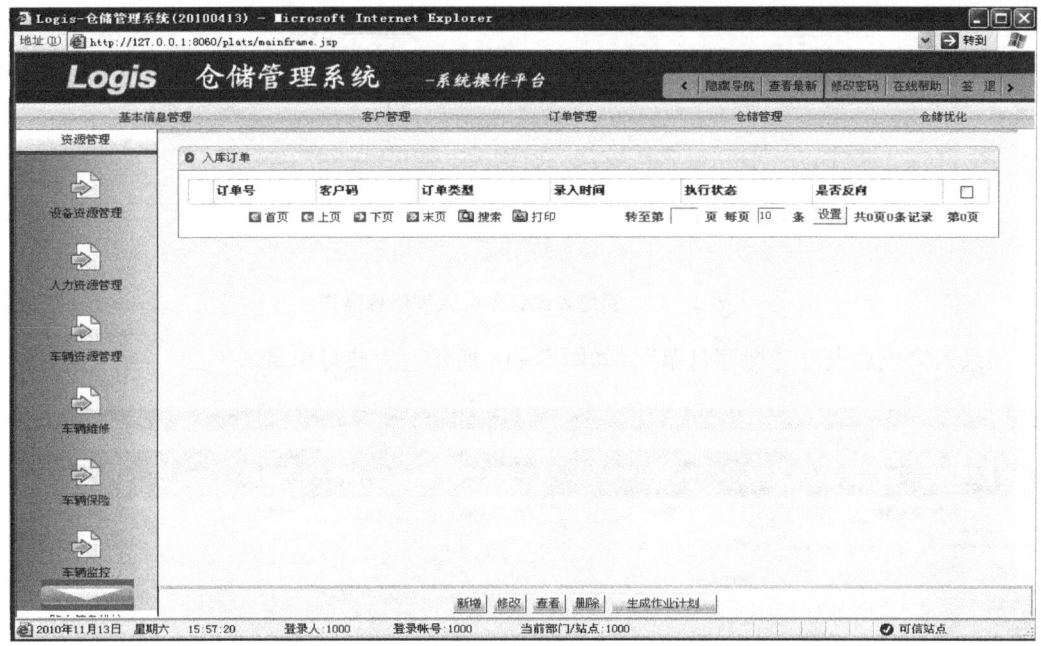

图2–15 入库订单操作界面

（4）点击"新增"则进入入库订单维护页面，如图2–16所示；录入相应的订单信息，如图2–17所示。

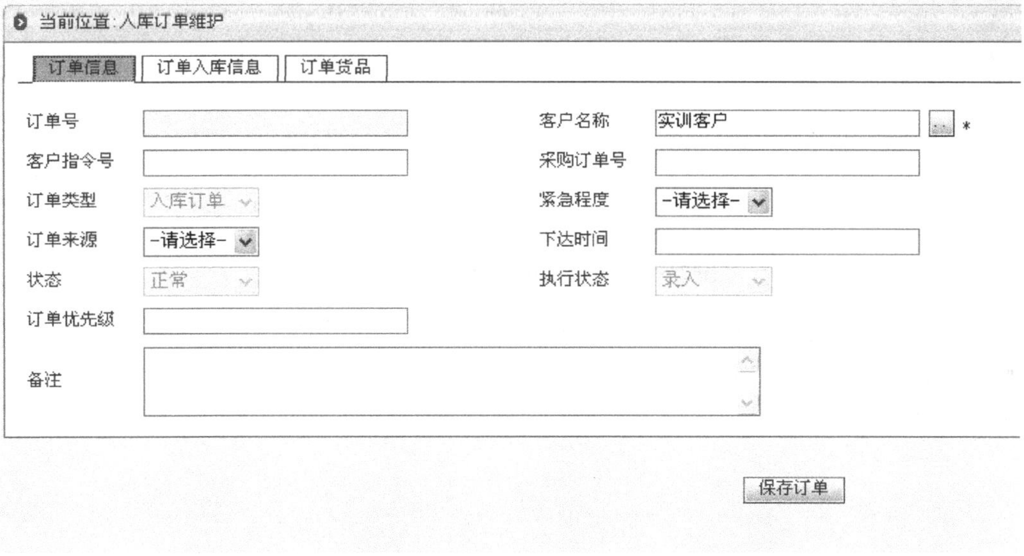

图2–16 新增入库订单的订单信息操作

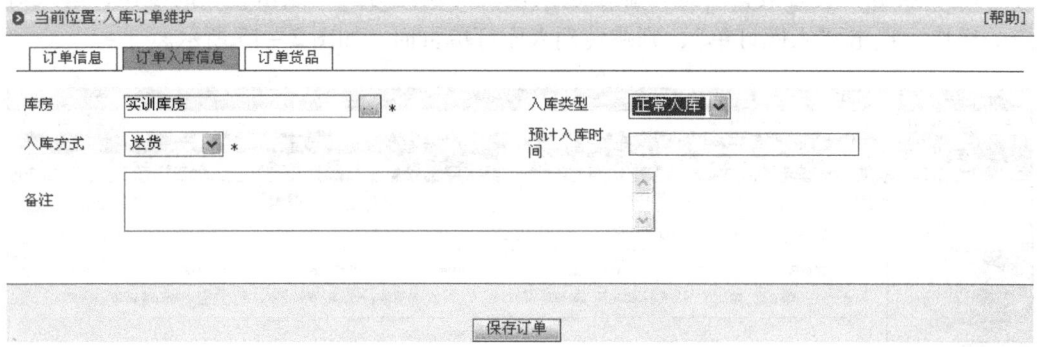

图 2-17 新增入库订单的入库信息操作

录入完成后点击"保存订单",如图 2-18 所示。完成订单录入。

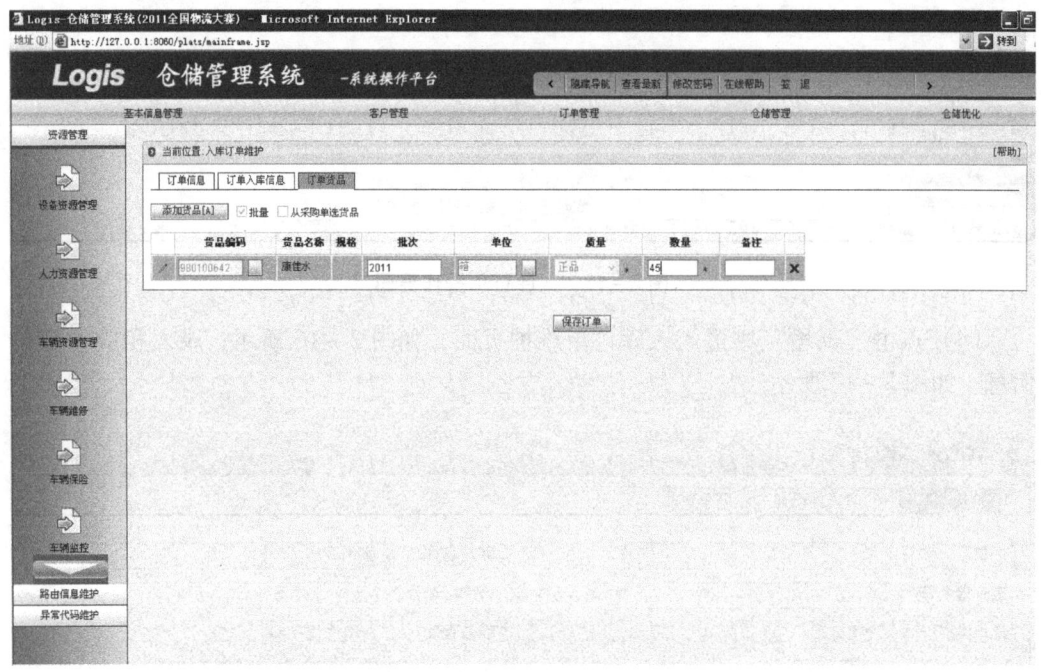

图 2-18 新增入库订单的订单货品操作

(5)返回到列表界面点击"生成作业计划",如图 2-19 所示。再点击"确认生成"订单提交到作业环节。

图2-19　入库订单生成作业计划

项目三 物流条码技术

学习目标

知识目标

1. 认识条码的基础知识原理，学习条码的应用与操作流程。
2. 掌握条码的基本操作打印、设计。
3. 掌握条码一次出入库典型任务的操作，通过一次典型任务，熟悉条码的应用。

技能目标

1. 能了解条码的制作原理与流程。
2. 能掌握条码硬件、软件的安装、使用与调试。
3. 能掌握条码的设计、制作。
4. 能掌握条码在库存中的应用。

任务一 认识条码

一、条码概述

1. 条码的定义

条码是由一组排列规则的条、空及其对应字符组成的标记，用以表示一定的信息。条码用来对物品进行标识，这个物品既可以是商品单元（如电视机），也可以是物流单元（如一个托盘）；等等。

我们最常见的条码是商品条码。

2. 代码和码制

代码是用来表征客观事物的一个或一组有序的符号。

条码的码制是指条形码符号的类型，每种码制都有自己特定的编码规则，是决定条码条和空的最终组合方式。图3-1所示的商品条码采用的码制是 EAN-13 码（EAN-13 欧洲商品条码）。

图 3-1

3. 条码的分类

（1）条码按维数分，可分为一维条码和二维条码。一维条码按照用途分，可分为商品条码和物流条码。二维条码按结构分，可分为堆叠式（又叫行排式）二维码和矩阵式二维码。如图 3-2 所示。

图 3-2　条码的分类

（2）条码按照码制又可以分为很多种类，常见的条码码制有：EAN-13 码（欧洲商品条码）、EAN-8 码（欧洲商品条码）、UPC-A 码、UPC-E 码、Code39 码（标准39 码）、Codabar 码（库德巴码）等。

二、条码的符号特征

商品条码具有共同的符号特征，如图 3-3 所示。

图 3-3　条码符号

（1）条码符号的整体形状为矩形，由一系列互相平行的条和空组成，四周都留有空白区。

（2）采用模块组合法编码方法，条和空分别由 1~4 个深或浅颜色的模块组成。深色模块表示"1"，浅色模块表示"0"。

（3）在条码符中，表示数字的每个条码字符仅由两个条和两个空组成，共七个模块。

（4）除了表示数字的条码字符外，还有一些辅助条码字符，用来表示起始、终止的分界符和平分条码符号的中间分隔符。

（5）条码符号可设计成既可供固定式扫描器全向扫描，又可用手持扫描设备识读的形式。

（6）条码符号的大小可在放大系数 0.8～2.0 所决定的尺寸之间变化，以适应各种印刷工艺印制合格条码符号及用户对印刷面积的要求。

三、条码的形成及组织机构

1. 条码的形成

条码标识商品起源于美国，并形成一个独立的编码系统——UPC 系统，通用于北美地区。由于国际物品编码协会推出的国际通用编码系统——EAN 系统，在世界范围内得到迅速推广应用，UPC 系统的影响逐渐缩小。美国早期的商店扫描系统只能识读 UPC 条码，为适应 EAN 条码的蓬勃发展，北美地区大部分商店的扫描系统更新改造为能同时识读 UPC 条码和 EAN 条码的自动化系统。为适应市场需要，EAN 系统和 UPC 系统目前已经合并为一个全球统一的标识系统——EAN·UCC 系统。

条码是 EAN·UCC 系统的核心组成部分，是 EAN·UCC 系统发展的根基，也是商业最早应用的条码符号。

2. 条码的国际国内管理组织机构

（1）国际物品编码协会（International Article Numbering Association）。国际物品编码协会是一个不以营利为目的的国际标准化组织。1976 年美国和加拿大在超级市场上成功地使用了 UPC 系统。1977 年，欧洲共同体开发出与 UPC 系统兼容的欧洲物品编码系统（European article numbering system），并签署了欧洲物品编码协议备忘录，正式成立了欧洲物品编码协会（European Article Numbering Association）。1981 年，随着协会成员的不断增加，欧洲物品编码协会已发展成为一个事实上的国际性组织，改称为"国际物品编码协会"。

EAN 致力于改善供应链效率，提供全球跨行业的标识和通信标准，开发和协调全球性的物品标识系统，促进国际贸易和发展。EAN 开发和维护包括标识体系、符号体系，以及电子数据交换标准在内的 EAN·UCC 系统，为实现快速、有效的自动识别、采集、处理和交换信息提供了保障，为各国商品进入超级市场提供了先决条件，促进了国际贸易。到 20 世纪 80 年代中后期实现了 EAN 系统的全面推广应用。

（2）美国统一代码委员会（uniform code council，UCC）。UCC 与 EAN 一样，是一个国际标准化组织，美国 UCC 是负责开发和维护北美地区包括产品标识标准在内的国际标准化组织，创建于 1972 年。2002 年底已拥有系统成员 26 万家，推广 UPC 商品条码是它的一项业务。目前，UCC 正在面向 23 个行业开展活动，主要对象是零售及食品行业。

2002 年 11 月 26 日，EAN 正式接纳 UCC 成为系统成员，EAN 和 UCC 合并为一个全球统一的标识系统——EAN·UCC 系统。目前，EAN·UCC 系统已拥有 99 个编码组织代表，100 多个国家或地区，遍及六大洲，已有 120 多万家用户通过国家（或地区）编码组织加入到 EAN·UCC 系统。目前 EAN·UCC 系统正广泛应用于工业生产、运输、

仓储、图书、票汇等领域。

（3）中国物品编码中心。中国物品编码中心是我国商品条码工作的组织、协调、管理机构，于1988年12月28日经国务院批准正式成立，并于1991年4月19日加入国际物品编码协会。

中国物品编码中心是全国商品条码工作机构，在国家质量监督与检验检疫总局领导下履行各项职责，主要工作范围如下：

①贯彻执行我国商品条码、物品编码、产品电子代码工作的方针、政策、法规和标准。

②负责研究、推广和发展以商品条码为基础的ANCC系统，并推动其在物流、供应链管理、电子商务等中的应用。

③负责全国商品条码和物品编码的登记、管理、维护、信息咨询和技术培训等工作。

④提供我国全球位置码（global location number，GLN）的登记、管理、维护及推广应用等服务。

⑤根据全球产品电子代码管理中心（EPCglobal）的授权，负责我国产品电子代码（electronic product code，EPC）的注册、管理和推广工作，提供技术支持和培训。

⑥依据全球商务联盟的授权，负责全球产品分类、全球数据字典、全球数据同步的研究及推广应用工作，建立和维护我国与全球数据中心信息同步的商品信息服务平台，并开展相关服务。

⑦依据UCC的授权，以UNSPSC China（中国UNSPSC动态维护管理中心）的名义，负责联合国标准产品与服务代码（UN.SPSC）中文版的维护及在我国的推广应用工作。

⑧负责物品编码、产品电子代码及条码、射频等自动识别技术国家标准和技术规范的制订修订工作。

⑨承担中国条码技术与应用协会、中国自动识别技术协会、全国供应链过程管理与控制标准化技术委员会（中国ECR委员会）、全国信息技术标准化技术委员会自动识别与数据采集分委会、全国物流信息管理标准化技术委员会等五个组织的秘书处工作。

⑩参加国际物品编码协会的各项活动，对口联系全球产品电子代码管理中心、国际标准化组织/国际电工委员会第一联合委员会的第31分委会、国际自动识别制造商协会、亚洲ECR委员会等国际组织，跟踪世界条码、射频等自动识别技术的发展。

⑪出版发行《条码与信息系统》杂志。

⑫举办每年一度的"SCAN–CHINA国际自动识别技术展览会"。

中国物品编码中心地方分支机构接受所在地的省、自治区、直辖市人民政府质量技术监督行政部门的领导，其业务工作接受编码中心的指导、检查和考核。中国物品编码中心统一审批商品条码的注册、变更、续展和注销，统一向系统成员发放证书。

中国物品编码中心作为国际物品编码协会会员，对口联系国际物品编码协会和国际上其他物品编码机构。遵守国际物品编码协会章程；执行国际物品编码协会条码技术规范和工作规范；参加国际物品编码协会的活动；向国际物品编码协会上报年度工作计划及总结，交纳会费；与相关国际编码组织开展商品条码技术、EDI 技术、供应链技术、二维码技术交流与合作。负责在我国开发、维护、推广以商品条码为基础的全球统一标识系统——EAN·UCC 系统。

任务二　一维条码

一维条码按照用途可以分为商品条码和物流条码。商品条码包括 EAN 码和 UPC 码，物流条码包括 EAN-128 码、ITF-14 码、39 码等。

一、商品条码

1. 商品条码的标识代码

商品条码是用来表示商品信息的一种手段，是商品标识代码的一种载体。

商品标识代码（identification code for commodity）是由国际物品编码协会和统一代码委员会规定的、用于标识商品的一组数字，包括 EAN/UCC-13、EAN/UCC-8 和 UCC-12 代码。

商品标识代码包括 EAN/UCC-13、EAN/UCC-8、UCC-12 三种代码结构，厂商应根据需要选择适宜的代码结构，遵循三项基本的编码原则，即唯一性原则、无含义性原则、稳定性原则编制商品标识代码，这样就能保证商品标识代码在全世界范围内是唯一的、通用的、标准的，就能作为全球贸易中信息交换、资源共享的关键字和"全球通用的商业语言"。

（1）唯一性原则。唯一性原则是商品编码的基本原则，也是最重要的一项原则。在商业 POS 自动结算销售系统中，不同商品是靠不同的代码来识别的，假如把两种不同的商品用同一代码来标识，将违反唯一性原则，会导致商品管理信息系统的混乱，甚至给销售商或消费者造成经济损失。

对同一商品项目的商品必须分配相同的商品标识代码。基本特征相同的商品视为同一商品项目，基本特征不同的商品视为不同的商品项目。

标准规定：商品的基本特征主要包括商品名称、商标、种类、规格、数量、包装类型等。但需要说明的是，不同行业的商品，其基本特征往往不尽相同，且不同的单个企业，还可根据自身的管理需求，设置不同的基本特征项。譬如，服装行业可以把服装的基本特征归纳为品种、款型、面料、颜色、规格等几项，而单个服装企业还可根据自身管理需求的特点，在此基础上增加附加特征项或做适当的修改，如增加"商标"为基本特征项，或只将品种、款型、面料作为基本属性，而不必考虑颜色、规格项。再比如，药品类商品的基本特征可归纳为商标、品种、规格、包装规格、剂型、生产标准等几项。

应特别注意，商品的基本特征项是划分商品所属类别的关键因素，往往对商品的定价起主导作用，因此它不同于为商品流通跟踪用所设置的附加信息项，诸如净重、面积、体积、生产日期、批号、保质期等。这些附加信息项与商品相关联，必须与商品标识代码一起出现才有意义。EAN·UCC 规范规定，这些附加信息项通过应用标识符 AI（见 GB/T16986—2003《EAN·UCC 系统条码应用标识符》）以及 UCC/EAN-128 条码来表示。

对不同商品项目的商品必须分配不同的商品标识代码。

商品的基本特征一旦确定，只要商品的某一项基本特征发生变化，就必须分配一个不同的商品标识代码。例如，某个服装企业将商标、品种、款型、面料、颜色作为服装的五个基本特征项，那么只要这五个基本特征项中的其中一项发生变化，就必须分配不同的商品标识代码来标识商品。

（2）无含义性原则。无含义性原则是指商品标识代码中的每一位数字一般不表示任何与商品有关的特定信息，即既与商品本身的基本特征无关，也与厂商性质、所在地域、生产规模等信息无关，商品标识代码与商品是一种人为的捆绑关系。这样利于充分利用一个国家（地区）的厂商代码空间。

厂商在申请厂商代码后编制商品项目代码时，最好使用无含义的流水号，即连续号，这样在自己的厂商代码下能够最大限度地利用商品项目代码的编码容量。

（3）稳定性原则。稳定性原则是指商品标识代码一旦分配，若商品的基本特征没有发生变化，就应保持标识代码不变。这样有利于生产和流通各环节的管理信息系统数据保持一定的连续性和稳定性。

一般情况下，当商品项目的基本特征发生了明显的、重大的变化时，就必须分配一个新的商品标识代码。不过，在某些行业，比如医药保健业，只要产品的成分有较小的变化，就必须分配不同的代码。

如果不清楚产品的变化是否需要变更代码，可从以下几个角度考虑：①产品的新变体是否取代原产品；②产品的轻微变化对销售的影响是否明显；③是否因促销活动而将产品做暂时性的变动；④包装的总重量是否有变化。

2. 商品条码 EAN-13 的代码结构

商品条码是商品标识代码的载体，是商品标识代码的图形化符号。商品条码包括 EAN-13、EAN-8、UPC-A 和 UPC-E 四种形式的条码符号。下面以 EAN-13 为例进行讲解。

EAN-13 商品条码是表示 EAN/UCC-13 商品标识代码的条码符号，由左侧空白区、起始符、左侧数据符、中间分隔符、右侧数据符、校验码、终止符、右侧空白区及供人识别字符组成，如图 3-4 所示。EAN/UCC-13 代码由 13 位数字组成。不同国家（地区）的条码组织对 13 位代码的结构有不同的划分。

图3-4 中国某商品的条码

（1）前置码。前置码由2~3位数字（$X_{13}X_{12}$或$X_{13}X_{12}X_{11}$）组成，是EAN分配给国家或地区编码组织的代码。前置码由EAN统一分配和管理，截至2003年7月，全球共有101个国家或地区编码组织代表103个国家或地区加入国际物品编码协会，成为EAN的成员组织。EAN前置码的分配见表3-1。

表3-1 EAN已分配的前置码

前置码	编码组织所在国家或地区	前置码	编码组织所在国家或地区
00~13	美国和加拿大（UCC）	476	阿塞拜疆
30~37	法国	477	立陶宛
380	保加利亚	478	乌兹别克斯坦
383	斯洛文尼亚	479	斯里兰卡
385	克罗地亚	480	菲律宾
387	波黑	481	白俄罗斯
40~44	德国	482	乌克兰
45、49	日本	484	摩尔多瓦
460~469	俄罗斯	485	亚美尼亚
471	中国台湾	486	格鲁吉亚
474	爱沙尼亚	487	哈萨克斯坦
475	拉脱维亚	489	中国香港特别行政区

续上表

前置码	编码组织所在国家或地区	前置码	编码组织所在国家或地区
50	英国	625	约旦
520	希腊	626	伊朗
528	黎巴嫩	627	科威特
529	塞浦路斯	628	沙特阿拉伯
531	马其顿	629	阿拉伯联合酋长国
535	马耳他	64	芬兰
539	爱尔兰	690~695	中国内地（大陆）
54	比利时和卢森堡	70	挪威
560	葡萄牙	729	以色列
569	冰岛	73	瑞典
57	丹麦	740	危地马拉
590	波兰	741	萨尔瓦多
594	罗马尼亚	742	洪都拉斯
599	匈牙利	743	尼加拉瓜
600、601	南非	744	哥斯达黎加
608	巴林	745	巴拿马
609	毛里求斯	746	多米尼加
611	摩洛哥	750	墨西哥
613	阿尔及利亚	759	委内瑞拉
616	肯尼亚	76	瑞士
619	突尼斯	770	哥伦比亚
621	叙利亚	773	乌拉圭
622	埃及	775	秘鲁
624	利比亚	777	玻利维亚

续上表

前置码	编码组织所在国家或地区	前置码	编码组织所在国家或地区
779	阿根廷	87	荷兰
780	智利	880	韩国
784	巴拉圭	885	泰国
786	厄瓜多尔	888	新加坡
789~790	巴西	890	印度
80~83	意大利	893	越南
84	西班牙	899	印度尼西亚
850	古巴	90、91	奥地利
858	斯洛伐克	93	澳大利亚
859	捷克	94	新西兰
860	南斯拉夫	955	马来西亚
867	朝鲜	958	中国澳门特别行政区
869	土耳其		

说明:各国家或地区编码组织负责指导本国或本地区范围内对前置码20~29、980、981、982、99的应用

需要指出的是,随着世界经济一体化发展,前置码一般并不一定代表产品的原产地,而只能说明分配和管理有关厂商识别代码的国家(或地区)编码组织。图3-5所示的前置码是489,但产地并不是香港特别行政区。

图3-5 商品条码

(2)企业识别代码。企业识别代码是厂商在全球范围内的唯一标识,其中包含前置码。在我国,厂商识别代码由7~9位数字组成,由中国物品编码中心负责注册分配和管理。

根据《商品条码管理办法》,具有企业法人营业执照或营业执照的厂商可以申请注册厂商识别代码。任何企业不得盗用其他厂商的厂商识别代码,不得共享和转让,更不得伪造代码。

当企业生产的商品品种很多,超过了"商品项目代码"的编码容量时,允许企业申请注册一个以上的企业识别代码。

(3)商品项目代码。商品项目代码由3~5位数字组成,由获得厂商识别代码的厂

商自己负责编制。由于厂商识别代码的全球唯一性，因此，在使用同一厂商识别代码的前提下，厂商必须确保每个商品项目代码的唯一性，这样才能保证每种商品项目代码的全球唯一性，即符合商品条码编码的"唯一性原则"。

不难看出，由三位数字组成的商品项目代码有 000～999 共 1 000 个编码容量，可标识 1 000 种商品；同理，由四位数字组成的商品项目代码可标识 10 000 种商品；由五位数字组成的商品项目代码可标识 100 000 种商品。

（4）校验码。商品条码是商品标识代码的载体，由于条码的设计、印刷的缺陷，以及识读时光电转换环节存在一定程度的误差，为了保证条码识读设备在读取商品条码时的可靠性，在商品标识代码和商品条码中设置检验码。

校验码为一位数字，用来检验编码 $X_{13} \sim X_2$ 的正确性。校验码是根据 $X_{13} \sim X_2$ 的数值按一定的数学算法计算而得的。

二、供应链的条码标识符体系

1. UCC/EAN-128 条码符号

UCC/EAN-128 条码由国际物品编码协会和美国统一代码委员会共同设计而成。它是一种连续型、非定长、有含义的高密度、高可靠性、具有两种独立检验方式的代码。

ISO（国际标准化组织）、CEN（欧洲标准委员会）和 AIM（美国在线即时通信软件）所发布的标准中将紧跟在起始字符后面的功能字符 1（FNCI）定义为专门用于表示 EAN·UCC 系统应用标识符数据，以区别于 Code 128 码。应用标识符（application identifier，AI）是标识编码应用含义和格式的字符。其作用是指明跟随在应用标识符后面的数字所表示的含义。UCC/EAN-128 条码是唯一能够表示应用标识的条码符号。

UCC/EAN-128 可编码的信息范围广泛，包括项目标识、计量、数量、日期、交易参考信息、位置等。UCC/EAN-128 条码如图 3-6 所示，数字表示含义如表 3-2 所示。

图 3-6　UCC/EAN-128 条码

表 3-2 UCC/EAN-128 条码的含义

代号	条码内容	码长度	说明
A	应用识别码	18	00 代表其后的资料内容为运送容器序号
B	包装性能指示码	1	3 代表无定义的包装指示码
C	前置码与公司码	7	代表 EAN 前置码与公司码
D	自行编定序号	9	由公司指定序号
E	检查码	1	检查码
F	应用识别码		420 代表其后的资料内容为配送邮政编码
G	配送邮政编码		代表配送邮政编码

2. 编码规则

EAN-128 条码有三种不同的字符集，分别为字符集 A、字符集 B 和字符集 C。字符集 A 包括所有标准的大写英文字母、数字字符、控制字符、特殊字符及辅助字符；字符集 B 包括所有标准的大写和小写英文字母、数字字符、特殊字符及辅助字符；字符集 C 包括 00~99 的 100 个数字以及辅助字符。因为字符集 C 中的一个条码字符表示两个数字字符，因此，使用该字符集表示数字信息可以比其他字符集信息量增加一倍，即条码符号的密度提高一倍。这个字符集的交替使用可将 128 个 ASCII 码编码。GB/T 15425—2002 列出了 EAN-128 条码的所有 A、B、C 三种字符集。

三、物流单元条码

1. 物流单元

物流单元是在供应链中需要管理的对象，为了运输或仓储而建立的组合项目。例如，一箱有不同颜色和大小的 12 条裙子和 20 件夹克的组合包装，一个 40 箱饮料的托盘（每箱 12 盒装）都可作为一个物流单元。

EAN·UCC 系统在供应链中跟踪和自动记录物流单元使用了系列货运包装箱代码（serial shipping container code，SSCC），它是为物流单元提供唯一标识的代码。换言之，物流单元必须用 SSCC 来标识。SSCC 这种代码需要用 EAN·UCC 系统 128 条码符号（简称 UCC/EAN-128 条码符号）表示。通过扫描识读物流单元上表示 SSCC 的 UCC/EAN-128 条码符号，建立商品流动与相关信息间的链接，能逐一跟踪和自动记录物流单元的实际流动，同时也可广泛用于运输行程安排、自动收货等。SSCC 对每一特定的物流单元都是唯一的，并且基本上可以满足所有的物流应用。SSCC 编码结构如表 3-3 所示。

表3-3 SSCC编码结构

结构种类	扩展位	厂商识别代码	系列号	校验码
结构一	N_1	$N_2 N_3 N_4 N_5 N_6 N_7 N_8$	$N_9 N_{10} N_{11} N_{12} N_{13} N_{14} N_{15} N_{16} N_{17}$	N_{18}
结构二	N_1	$N_2 N_3 N_4 N_5 N_6 N_7 N_8 N_9$	$N_{10} N_{11} N_{12} N_{13} N_{14} N_{15} N_{16} N_{17}$	N_{18}
结构三	N_1	$N_2 N_3 N_4 N_5 N_6 N_7 N_8 N_9 N_{10}$	$N_{11} N_{12} N_{13} N_{14} N_{15} N_{16} N_{17}$	N_{18}
结构四	N_1	$N_2 N_3 N_4 N_5 N_6 N_7 N_8 N_9 N_{10} N_{11}$	$N_{12} N_{13} N_{14} N_{15} N_{16} N_{17}$	N_{18}

如果贸易伙伴（包括承运商和第三方）都能扫描识读表示SSCC的UCC/EAN-128条码符号，交换含有物流单元全部信息的EDI（电子数据交换）报文，并且读取时能够在线得到相关文件以获取这些描述信息，那么除了SSCC外，就不需要标识其他信息了。但是，目前难以满足所有这些条件，因此，除了表示SSCC的UCC/EAN-128条码符号以外，少许属性信息还需以条码符号的形式表示在物流单元上。

物流单元可能由多种贸易项目构成，在其尚未形成时，无法事先将含SSCC在内的条码符号印在物流单元的包装上，因此，通常情况下，物流标签是在物流单元确定时附加在上面的。如果一个物流单元同时也是贸易单元，就必须遵循《EAN·UCC通用规范》中有关"贸易项目"的规定。因此，应生成一个以条码符号表示所有需求信息的单一标签。

《EAN·UCC通用规范》对于物流单元的标签做出了相应的规定。SSCC及其在物流单元上的应用是其中最重要的部分。

2. SSCC

不管物流单元本身是否标准，所包含的贸易项目是否相同，SSCC都可标识所有的物流单元。厂商如果希望在SSCC数据中区分不同的生产厂（或生产车间），可以通过分配每个生产厂（或生产车间）SSCC区段来实现。SSCC在发货通知、交货通知和运输报文中公布。SSCC编码结构如图3-7所示。

图3-7 SSCC条码

（1）扩展位N_1。用于增加SSCC系列代码的容量，由厂商分配。例如，0表示纸盒，1表示托盘，2表示包装箱等，图3-7中是0。

（2）企业识别代码$N_2 \sim N_8$。由中国物品编码中心负责分配给用户，用户通常是组合物流单元的厂商。SSCC在世界范围内是唯一的，但并不表示物流单元内贸易项目的起始点，图3-7中是6901414。

（3）系列代码。是由取得厂商识别代码的厂商分配的一个系列号，用于组成$N_1 N_r$的字符串。系列代码一般为流水号，图3-7中是6901414123456789。

3. 物流标签

（1）信息的表示法。物流标签上表示的信息有两种基本的形式：由文本和图形组成的供人识读的信息；为自动数据采集设计的机读信息。作为机读符号的条码是传输结构化数据的可靠而有效的方法，允许在供应链中的任何结点获得基础信息。表示信息的两种基本形式能够将一定的含义添加于同一标签上。EAN·UCC 物流标签是由三部分构成，顶部包括自由格式信息，中部包括文本信息和对条码解释性的供人识读的信息，底部包括条码和相关信息。

（2）标签设计。物流标签的版面划分为三个区段：供应商区段、客户区段和承运商区段。当获得相关信息时，每个标签区段可在供应链上的不同结点使用。此外，为便于人、机分别处理，每个标签区段中的条码与文本信息是分开的。

标签制作者负责印制和应用标签，决定标签的内容、形式和尺寸。

对所有 EAN·UCC 物流标签来说，SSCC 是唯一的必备要素。如果需要增加其他信息，则应符合《EAN·UCC 通用规范》的相关规定。

一个标签区段是信息的一个合理分组。这些信息一般在特定时间才能获得。标签上有三个标签区段，每个区段表示一组信息。一般来说，标签区段从顶部到底部的顺序依次为承运商、客户和供应商，然而根据需要可做适当调整。

①供应商区段。供应商区段所包含的信息一般是供应商在包装时获得的。SSCC 在此作为物流单元的标识。如果过去使用 GTIN，在此也可以与 SSCC 一起使用。对供应商、客户和承运商都有用的信息，有生产日期、包装日期、有效期、保质期、批号、系列号等，皆可采用 UCC/EAN – 128 条码符号表示。

②客户区段。客户区段所包含的信息，有到货地、购货装卸信息等，通常是在订购时和供应商处理订单时获得的。

③承运商区段。承运商区段所包含的信息，有到货地邮政编码、托运代码、承运商特定运输路线、装卸信息等，通常是在装货时获得的。

④标签示例。图 3 – 8 所示是物流最基本的标签，含承运商区段、客户区段和供应商区段。在该标签中，UCC/EAN – 128 条码符号仅表示 SSCC。图中最上面的一个标签为承运商的信息，其中"420"表示收货方与供货方在同一国家（或地区）的收货方的邮政编码，从图上的文字不难看出，这个物流标签所标识的货物是从美国的 New York 运送到 Dayton，是在同一个国家中进行运输；"401"表示货物托运代码。中间的物流标签标识的是客户的信息，"410"后跟随的是交货地点的（运抵）位置码，也就是客户的位置码。最下面的标签是供应商区段的内容，"00"后跟随的是要发运的物流单元。

图 3-8 物流标签示例

任务三 二维条码

一、二维条码的基本概念

1. 二维条码/二维码的概念

二维条码是用某种特定的几何图形按一定规律在平面（二维方向）上分布的条、空相间的图形来记录数据符号信息。

2. 二维条码的分类

二维条码分为堆叠式/行排式二维条码和矩阵式二维条码。

（1）堆叠式/行排式二维条码。堆叠式/行排式二维条码建立在一维条码基础之上，按需要堆积成两行或多行。它在编码设计、校验原理、识读方式等方面继承了一维条码的一些特点，识读设备、条码印刷与一维条码技术兼容。但由于行数的增加，需要对行进行判定，其译码算法与软件也不完全与一维条码相同。具有代表性的行排式二维条码有 417 条码、Code 49、Code 16K 等。

 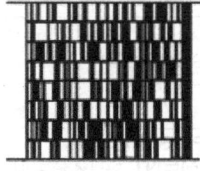 

（a）417条码　　　　　　　（b）Code 49　　　　　　　（c）Code 16K

图 3-9　堆叠式/行排式二维条码

（2）矩阵式二维条码。矩阵式二维条码（又称棋盘式二维码）是在一个矩形空间通过黑、白像素在矩阵中的不同分布进行编码。矩阵式二维条码是建立在计算机图像处理技术、组合编码原理等基础上的一种新型图形符号自动识读处理码制。具有代表性的矩阵式二维条码有 Code One、Data Matrix、QR Code 等，如图 3-10 所示。

（a）Code One　　　　　　（b）Data Matrix　　　　　　（c）QR Code

图 3-10　矩阵式二维条码

QR Code 是我们最常见的二维条码。QR Code 码是 1994 年由日本 Denso-Wave 公司发明的，QR 来自英文"Quick Response"的缩写，即快速反应的意思，源自发明者希望 QR Code 码可让其内容快速被解码。现已广泛应用于生产、生活的各个领域。

QR Code 码呈正方形，在三个角印有较小的像"回"字的正方图案，如图 3-11 所示。这三个图案能帮助解码软件定位，使用者不需要对准，无论以任何角度扫描，资料都可以正确被读取。

图 3-11　QR Code 码"回"字的正方图案

3. 二维条码的特点

二维条码技术是在一维条码无法满足实际应用需求的情况下产生的。由于受信息容量的限制，一维条码通常是对物品的标识，而二维条码是对物品的现场描述。所谓对物品的标识，就是给某物品分配一个代码，代码以条码的形式标识在物品上，用来标识该物品,以便自动扫描设备的识读,代码或一维条码本身不表示该产品的描述性信息。

二维条码,除了左右(条宽)的粗细及黑白线条有意义外,上下的条高也有意义。与一维条码相比,其可存放的信息量比较大。

在超级市场看到的商品上的条码和储运包装物上的条码,基本上是一维条码。现代物流与自动识别技术的原理是利用条码的粗细及黑白线条来代表信息,当拿扫描器来扫描一维条码时,即使将条码上下遮住一部分,所扫描出来的信息仍然一样,所以一维条码的条高并没有意义,只有左右(条宽)的粗细及黑白线条有意义,故称为一维条码。

从符号学的角度讲,二维条码和一维条码都是信息表示、携带和识读的手段。但从应用角度讲,尽管在一些特定场合可以选择其中的一种来满足需要,但它们的应用侧重点是不同的。一维条码用于对"物品"进行标识,二维条码用于对"物品"进行现场描述。EAN 和 UCC 在充分考虑两种码制特点的基础上,为非常小的产品项目(如注射器、小瓶、电信电路板)、随机计量的零售项目(如肉、家禽和袋装农产品)、单个农产品项目(如苹果、橘子)以及可用空间不足以提高所有信息的物流单元(如混合贸易项目托盘的内容信息)提供更好的自动识别方法,开发了 RSS(reduced space symbology)条码符号和 EAN·UCC 复合码。

信息容量大、安全性高、读取率高、错误纠正能力强等特性是二维条码的主要特点。

二维条码和一维条码在相同数据方面的综合对照如表 3-4 所示。

表 3-4 一维条码和二维条码的比较

项目	一维条码	二维条码
垂直方向是否携带信息	不携带信息	携带信息
信息密度与容量	信息密度低,信息容量小	信息密度高,信息容量大
包含内容	只能包含字母和数字	可直接显示英文、中文、数字、符号、图形
条码尺寸	条形码尺寸相对较大(空间利用率较低)	条形码相对尺寸小
错误校验及纠错能力	可通过校验字符进行错误校验,没有纠错能力	有错误检验及错误纠正能力,并可根据实际应用设置不同的安全等级
抗损毁能力	条形码遭到损坏后便不能阅读	具有抗损毁能力,安全级别最高时,损污 50% 仍可读取完整信息
保密性	保密性能不高	数据可加密,保密性防伪性高
主要用途	主要用于对物品的标识	用于对物品的描述
信息网络与数据库依赖性	多数场合须依赖信息网络与数据库	可不依赖信息网络与数据库而单独应用

二、二维条码的功能和应用

1. 二维条码的功能

二维条码有存储、引流、防伪和支付四大功能。

存储：二维条码可以存储汉字、照片、指纹、图形、签字在内的小型数据文件。

引流：扫描二维条码，可以引流至相应的网页、广告、优惠券和抽奖页面。

防伪：火车票、发票上或者一些商品印刷可用于防伪的二维条码。

支付：通过扫描二维条码完成收付款。

2. 二维条码的应用

二维条码的应用，可以分为主读和被读，被读类应用是以手机等存储二维条码作为电子交易或支付的凭证，可用于电子商务、消费打折等。主读类应用是以安装识读二维条码软件的手持工具（包括手机），识读各种载体上的二维条码，可用于防伪溯源、执法检查等。二维条码已经广泛应用于商业流通、日常生活、仓储、医疗卫生、交通运输等诸多领域，极大地提高了数据采集和信息处理的速度。二维条码常见的用途如表3-5所示。

表3-5 二维条码的用途

应用领域	说明
信息获取	可以通过扫码获取名片、地图、WIFI密码、库存货物存储信息以及各种资料信息
网站跳转	扫描条码跳转到微博、手机网站、下载网页等
广告推送	用户扫码，直接浏览商家推送的图片、视频、音频广告
手机电商	用户扫码，用手机直接购物下单
优惠促销	用户扫码，下载电子优惠券，抽奖
文件存档	把信息做成二维条码的形式存档，可对信息加密，既方便又安全
防伪溯源	用户扫码即可查询产品源信息与质量认证等信息
证卡管理	用户手机上获取电子会员信息、VIP服务
手机支付	扫描商品二维条码，通过银行或第三方支付提供的手机端通道完成支付
电子票据	作为电影票、景区门票、演出门票等

任务四　条码制作及打印

一、商品条码制作

1. 条码标识形式的设计

企业在完成产品的编码工作后就需要考虑条码标识的设计。本着减少商品包装成本、装潢美观大方和易于扫描识读的原则，商品条码标识主要设计成以下三种形式：

（1）直接印刷在商品标签纸或包装容器上。如烟、酒、饮料、食品、日用化工产品、药品等，利用大批量连续印刷的方法把条码标识和标签原图案同时印成，具有方便、美观、不增加印刷费用等优点。

（2）制成挂牌悬挂在商品上。如眼镜、手工艺品、珠宝首饰、服装等，在没有印刷条码标识位置的情况下，将条码打印在挂牌上再分挂在商品上。

（3）制成不干胶标签粘贴在商品上。如化妆品、油脂制品、家用电器等，将条码与装潢图案印在不干胶上粘贴在商品上。一些产品的老包装因不带条码标识，为了减少浪费，也可将带条码的不干胶粘贴在老包装上。

2. 颜色设计

条码识读器是通过条码符号中条、空对光反射率的对比来实现识读的。不同颜色对光的反射率不同。一般来说，浅色的反射率较高，可作为空色即条码符号的底色。如白色、黄色、橙色等；深色的反射率较低，可作为条色，如黑色、深蓝色、深绿色、深棕色等。

商品条码的识读是通过分辨条、空的边界和宽窄来实现的，因此，要求条与空的颜色反差越大越好。条色应采用深色，空色应采用浅色。白色作空、黑色作条是较理想的颜色搭配。条码符号的条空颜色应符合《商品条码零售商品编码与条码表示》（GB12904—2008）中规定的符号光学特性要求。

根据 EAN 规范的要求，条码印刷颜色设计提要如下：

（1）条和空宜用黑白颜色搭配，条、空的黑白颜色搭配可获得最大对比度，所以是最安全的条码符号颜色设计。

（2）红色不能作为条色。因为条码识读器一般使用波长为 630~700 nm 的红色光源，红光照射红色物质时反射率最高，因此红色一般不能作为条色，而只能作为空色。以深棕色作为条色时，也必须控制其中红色成分在足够小的范围内，否则会因红色的作用而影响条码识读。

（3）对于透明或半透明的印刷载体，应禁用与其包装内容物相同的颜色作为条色，以免降低条空对比度，影响识读。此时可以在印条码的条色前，先印一块白色的底色作为条码的空色，然后再印刷条色。白色的底使条码与内容物颜色隔离，保证条空对比度 PCS 值（商品条码条和空的对比度）达到技术要求。

(4）当装潢设计的颜色与条码设计的颜色发生冲突时，应以条码设计的颜色为准改动装潢设计颜色。

（5）慎用金属材料做印刷载体。带有金属性的颜色（如金色），由于其反光度和光泽性会造成镜面反射效应而影响扫描器识读，因而用金色来印刷条码或把印刷载体上的金色作为空色时一定要慎重；使用铝箔等金属反光材料作为载体时，可将经过打毛处理的本体颜色或在本体上印一层白色作为条码的空色，未经打毛的反光材料本体作为条色。如常见的加多宝等易拉罐就是这样选择设计条码颜色的。

总之，条码标识颜色的选择对条码的识读是至关重要的。企业在设计条码颜色时，如不清楚所选条、空颜色搭配是否符合要求，可用条码检测仪测量条色和空色的反射率，然后按 PCS 值计算公式计算看是否符合标准所要求的数值来决定。

$$PCS = \frac{RL - RD}{RD}$$

式中，RL 为条码中空及空白区的反射率；RD 为条码中条的反射率；PCS 为空和条的对比度。

无线数字传输机采用的是蓝牙多频点跳频通信技术，可有效克服信号传输中的噪声干扰和同频干扰，不失为一种先进实用可靠的解决方案。普通的短距离单频道无线通信技术抗噪声及抗同频干扰性能甚差，众多车辆及货柜集中时通信极不可靠。

3. 尺寸设计

尺寸设计就是确定条码的放大系数 M，放大系数指的是条码设计尺寸与条码标准版尺寸的比值。在条码尺寸设计时，应主要考虑以下几个因素：

（1）印刷包装上可容纳的条码面积。

（2）与装潢的整体协调。

（3）印刷厂的印刷条件。

（4）在选择放大系数时，还要考虑商品包装的整体设计，使印制的条码与商品包装图案匀称协调。另外，如果印刷载体是瓦楞纸板或其他质量较差的纸张，为了保证印刷质量，应选用较大放大系数的条码。

4. 位置设计

条码印刷位置的设计原则是：条码符号位置的选择应以符号位置相对统一、符号不易变形、便于扫描操作和识读为准则。

各种商品包装的推荐位置可直接参阅《商品条码符号位置》（GB/T 14257—2002）国家标准。

二、条码打印

1. 条码的生成

所有图形化的条码文件的最终产生都要从所标识产品的生产流水线开始，要先给这种产品编制一个相对应的代码，然后才能将这些代码符号通过计算机、条码软件转化为条码符号即生成条码，并通过相应的打印机，打印出图形的条码文件。条码是代码的图

形化表示，其生成技术涉及从代码到图形的转化技术以及相关的印制技术。条码的生成过程是条码技术应用中一个相当重要的环节，直接决定着条码的质量。

正确使用条码的第一步就是按照国家标准为标识项目编制一个代码，在代码确定以后，应根据具体情况来确定采用预印制方式还是现场印制方式来生成条码。当印刷批量很大时，一般采用预印制方式；如果印刷批量不大或代码内容是逐一变化时，可采用现场印制的方式。在采用预印制方式时，需首先制作条码胶片，然后送交指定印刷厂印刷。在印刷的各个环节都需严格按照有关标准进行检验，以确保条码的印制质量；在采用现场印制方式时，应该首先根据具体情况选用相应的打印设备，在打印设备上输入所需代码及相关参数后即可直接打印出条码。

（1）从代码到条码的转化。当项目代码确定以后，如何将这个代码的数据信息转化成为图形化的条码符号？目前主要采用的是软件生成方式。一般的条码打印设备和条码胶片生成设备均安装了相应的条码生成软件。条码是由一组按一定编码规则排列的条、空符号，而条码生成软件则需根据条码的图形表示规则，将数据信息转化为相应的条空信息，并且生成对应的位图。对于专用的条码打印机，由于内置了条码生成软件，所以只要给打印机传递相应的命令，打印机就会自动生成条码符号。而普通的打印机则需要专门的条码软件来生成条码符号。需要生成条码的厂商可以自行编制条码的生成软件，也可选购商业化的编码软件，以便更加迅速、准确地完成条码的图形化编辑。

（2）自行编制条码生成软件。设计条码打印软件的关键在于要了解条码的编码规则和技术特性。条码是以条、空的宽度与组合方式来表达信息的，因此其条与空的尺寸精确与否直接关系到条码能否被正常地读取。因为目前打印设备都是以点为基本打印单位的，如果条码条、空的宽度不是点数的整数倍，则可能产生打印误差，直接影响到条码的可识读性。这也是为什么条码图像经过缩放后经常不能被读取的原因。

另外，条码的条、空组合方式也因码制不同而不同，因此编制软件时需认真查阅相应的国家标准。

（3）选用商业化的编码软件。选用商业化的编码软件往往是最经济、最快捷的方法。目前市场上有许多种商业化的编码软件，这些软件功能强大，可以生成各种码制的条码符号，能够实现图形压缩、双面排版、数据加密、数据库管理、打印预览和单个/批量制卡等功能。同时，可以向应用程序提供条码生成、条码设置、识读接收、图形压缩和信息加密等二次开发接口（用户可以自己替换），还可以向高级用户提供内层加密接口等，而且价格也不高。

目前较为先进的条码生成软件有法国生产的 CODESOFT、美国生产的 Barcode 等。最新版本的 CODESOFT 7 软件功能十分强大，支持所有主要的一维条码和二维条码，有通用版、专业版和企业版三种版本可供选择。通用版仅用于条码的生成，价格比较便宜，而专业版和企业版则可以支持多种数据库，可以方便地连接企业的内部信息系统，但是价格要高于通用版。企业可以根据具体情况选用不同的版本。

此外，国外及国内的一些厂家还开发了条码生成控件功能函数库，可支持目前常用的一维条码和二维条码。这种函数库是专为软件开发人员设计的，可在 VB、VC、VFP 等多种编程环境下调用。在国内，条码的编辑软件甚至可以在网上免费下载。

2. 条码的打印

条码的印制是条码技术应用中一个相当重要的环节，也是一项专业性很强的综合性技术。它与条码符号载体、所用涂料的光学特性以及条码识读设备的光学特性和性能有着密切的联系。要想制作出高质量的条码符号印制品，必须了解条码印制中的一些特殊要求。

条码的印制方式基本有两大类，一是预印制（非现场印制），即采用传统印刷设备大批量印刷制作，它适用于数量大、标签格式固定、内容相同的条码的印制，如产品包装、相同产品的标签等。二是现场印制，即由计算机控制打印机实时打印条码标签，这种方式打印灵活、实时性强，可适用于多品种、小批量、个性化的需现场实时印制的场合。

（1）预印制。需要大批量印制条码符号时，应采用工业印刷机用预印制的方式来实现，一般采用湿油墨印刷工艺。尤其是需要在商标、包装装潢上印制条码时，可以将条码胶片、商标图案等制成同一印版，一起印刷，这样做可以大大降低印制成本和工作量。

采用预印制方式时，确保条码胶片的制作质量是十分重要的。胶片的制作一般由专用的制片设备来完成，中国物品编码中心及一些大的印刷设备厂均具有专用的条码制片设备，可以为厂商提供高质量的条码胶片。

目前，制作条码原版正片的主流设备分为矢量激光设备和点阵激光设备两类。矢量激光设备在给胶片曝光时采取矢量移动方式，条的边缘可以保证平直。点阵激光设备在给胶片曝光时采取点阵行扫描方式，点的排列密度与分辨率和精确度密切相关。

由以上对比可以看出，在制作条码原版胶片时，矢量激光设备比点阵激光设备更具有优越性。虽然点阵激光设备可以通过软件调整使点与点的叠加（扫描行的间隙）很紧密，经严格控制也有可能达到条码原版胶片的精度要求，但与矢量激光设备相比，在制作条码原版胶片方面还是略逊一筹。

印刷制版行业所广泛采用的激光照排机，可以将需要印制的包装图案、文字及条码标识一并完成。与之相比，矢量激光设备相对功能单一，且只能制作一维条码，所做条码符号还需经过与图案、文字拼版等其他工作程序。

目前，国内采用矢量激光设备制作条码原版胶片的机构只有中国物品编码中心、广州东方条码培训中心两家（均使用 Microplotter 激光绘图仪）。其余均为激光照排机制作。在胶片制作完成以后，应送交指定印刷厂印刷，印刷时需严格按照原版胶片制版，不能放大与缩小，也不能任意截短条高。预印制按照制版形式可分为凸版印刷、平版印刷、凹版印刷和孔版印刷。

（2）现场印制。现场印制方法一般采用图文打印机和专用条码打印机来印制条码符号。图文打印机常用的有点阵打印机、喷墨打印机和激光打印机。这几种打印机可在计算机条码生成程序的控制下方便灵活地印制出小批量的或条码号连续的条码标识。专用条码打印机有热敏打印机、热转印打印机、热升华打印机，因其用途单一、设计结构简单、体积小、制码功能强等优点，在条码技术各个应用领域普遍使用。

3. 物流标签的印刷和贴放位置

（1）执行标准。物流标签的位置可参阅《物流单元的编码与符号标记》（GB/T 18127—2000）中的有关内容。

（2）印刷位置及方向。每一个贸易项目和物流单元上至少有一个条码符号。仓储应用中，为确保在连贯转动的情况下至少可以看见一个标签，推荐的最佳方案是：将同一标签印在运输包装的相邻两面上。这两个相邻面的位置应是宽面位于窄面的右方。

（3）对条码符号印刷位置及方向的选择。

①高度小于 1 m 的物流单元。对于高度低于 1 m 的纸板箱与其他形式的物流单元，标签中 SSCC 的底边与物流单元的底部距离应为 32 mm。标签与物流单元垂直边线的距离不小于 19 mm。如果物流单元已经使用 EAN - 13、UPC - A、ITF - 14 或贸易单元 128 条码符号，标签应贴在上述条码的旁边，不能覆盖原有的条码，并保持一致的水平位置。

②高度超过 1 m 的物流单元。托盘和其他高度超过 1 m 的物流单元，标签应位于距离物流单元底部或托盘表面 400 ~ 800 mm 的位置，标签与物流单元直立边的距离不小于 50 mm。

三、条码打印设备

目前，条码现场印制设备大致分为两类，即通用打印机和专用条码打印机。通用打印机有点阵打印机、喷墨打印机、激光打印机等。使用通用打印机打印条码标签一般需用专用软件，通过生成条码的图形进行打印，其优点是设备成本低，打印的幅面较大，用户可以利用现有设备。因为通用打印机并非为打印条码标签专门设计的，因此用它印制条码使用不太方便，实时性较差。专用条码打印机是专为打印条码标签而设计的，它具有打印质量好、打印速度快、打印方式灵活、使用方便、实时性强等特点，是印制条码的重要设备。

1. 通用打印机

通用打印机有针式打印机、喷墨打印机和激光打印机等。

（1）针式打印机。计算机把要打印的数据通过接口传送到打印机的字符缓冲寄存器后，打印机的控制电路（单片机或微处理器）把接收到的数据存放在字符代码存储器中，通常字符代码存储器能存储一行的打印信息（一行最多 256 个字符）。当接收到回车命令时，开始打印。

针式打印机打印条码有以下两个优点：一是成本低。点阵打印机和其消耗材料相对来说都是成本较低的。二是对纸张要求不高。点阵打印机不像激光打印机那样对纸的克数和质量要求很严格，也不像热敏打印机那样要求特制的热敏打印纸，一般纸张包括不干胶纸都可用于点阵打印机。但针式打印机打印的条码符号质量较差，识读率较低。

（2）喷墨打印机。喷墨打印机是由计算机控制的自动化打印设备，其打印数据传输控制过程与针式打印类似。按照喷墨头工作方式，喷墨打印机可以分为压电喷墨和热喷墨两大类型。

压电式喷头对墨滴的控制力强,容易实现高精度的打印。缺点是喷头堵塞的更换成本非常高。

热喷墨技术的工作原理是通过喷墨打印头(喷墨室的硅基底)上的电加热元件(通常是热电阻),加热到300 ℃,使喷嘴底部的液态油墨汽化并形成气泡,该蒸汽膜将墨水和加热元件隔离,避免将喷嘴内全部墨水加热,由此产生的压力压迫一定量的墨滴克服表面张力快速挤压出喷嘴。随着温度继续下降,气泡开始呈收缩状态。喷嘴前端的墨滴因挤压而喷出,后端因墨水的收缩使墨滴开始分离,气泡消失后墨滴与喷嘴内的墨水就完全分开,从而完成一个喷墨的过程。

(3)激光打印机。激光打印机是利用图形感应半导体表面上充电荷的原理设计的。此表面对光学图像产生反应,并在所指定区域上放电,由此产生一幅静电图像。然后,使图像与着色材料(碳粉)相接触,将着色材料有选择地吸附到静电图像上,再转印到普通纸上。

激光打印机的条码精度高、速度快,而且噪声低,是条码印制中较理想的打印机,只是价格和打印成本较高。但随着价格不断降低,这种打印机将会得到越来越多的应用。需要指出的是,用激光打印机打印较小的不干胶标签时要注意防止标签脱落而损坏硒鼓。

2. 专用条码打印机

专用条码打印机主要有热敏打印机、热转印打印机和热升华打印机三种。热敏打印机和热转印打印机俗称打码机,见图3-12。热敏打印和热转印打印是两种互为补充的技术,现在市场上绝大多数条码打印机都兼容热敏和热转印两种工作方式。两者工作原理基本相似,都是通过加热方式进行打印。具体介绍如下。

(1)热敏打印机。热敏打印机采用热敏纸进行打印,热敏纸在高温及阳光照射下易变色。用热敏打印机打印的标签在保存及使用上存在一些问题,但因为其设备简单,价格低,因此热敏打印机被广泛应用于打印临时标签的场合,如零售业的付货凭证、超市的结账单、证券公司的交易单等。

图3-12 条码打印机

(2)热转印打印机。热转印打印机的执行部件与热敏打印机相同或相似,但它使

用热敏碳带。执行打印操作时，通过对加热元件相应点的加热，使碳带上的颜色转印在普通纸上，而形成文字或图形。如 DATAMAX M - 4206、t4308、ZEBRA - 90/130/220、INTERMEC 8646 - TTR 以及 SoabarSPX - 370 等。

其发热元件的排列密度一般在 8 点/mm 或 16 点/mm（分辨率达到 150 ~ 270 PI），打印速度在每秒 40 ~ 200 mm 之间，其中某些型号的打印速度可调。而热转印打印机采用热转印色带在普通纸上打印，克服了热敏纸打印的缺点，因此，热转印打印机以其优良的性能逐步成为条码现场打印领域的主导产品。热转印方式与其他打印方式相比，具有分辨率高、打印质量好、打印速度快、操作简便、成本低廉、维护简单、可使用多种打印介质等优点，是在线条码打印的最理想方式。

（3）热升华打印机。染料热升华技术主要是为了打印连续色调的图案，如照片等。这种技术使用一条有一定数量的色块组成的色带，每三个色块（黄、红、蓝）为一组，然后沿着整条色带重复排列。有多少组就能打印多少证卡。当热升华打印机开始打印时，一张空白的卡自动进入打印机并被送到包含有数百个热敏元件的打印头的下面。然后，这些热敏元件将色带上的染料加热并蒸发，使之渗入到卡片的表面。打印头依次将黄、红、蓝色块上的染料"打印"到卡上。通过改变打印头的温度（可以改变单色的色度）以及三种颜色的混合（类似彩色显示器原理），打印机能够产生有层次的多种色彩。

四、条码的防伪技术

国内外防伪技术飞速发展，已成为高新技术的大展台，防伪在国内外已成为一个悄然崛起的新产业。国内应用的防伪技术可分为 10 大类 17 种，即纸张（纸张类有水印纸、安全线纸、彩纤彩点纸）、印刷（印刷类有多色接线印刷、双面对印、凹印）、油墨（油墨类有荧光油墨、磁性油墨、温变光变油墨、防涂改油墨）、激光全息图像、电码电话查询、纹理网络查询、重离子微孔图、激光制图等。国外防伪技术的概况：国外防伪技术有 14 类，即激光全息、光学变色膜、图像扰频、抗体源辨认、温变油墨、光激活化合物、条码扫描油墨、微型粒子、磁条、CVV 密码、智能卡、软件锁、DigiScan、神经网络等。正在研究的防伪技术有 6 类，指纹加密、遗传密码加密、声纹加密、手背脉纹加密、纸张加密、光学防伪膜等。从目前国内防伪技术看，大部分是引进的，以自主知识产权为核心的防伪技术很少。防伪从理论到实践上还处在被动防伪阶段，有兴趣的同学可以课外找资料学习。

任务五 条码操作实训

一、实训目的

（1）通过本次实验使学生更加了解、熟悉、掌握条码设备的安装、设置、操作与维护。并用条码进行一次货物的收发。

(2) 在学习过程中,使学生学会发现问题与自主解决问题的能力。

(3) 通过本次实验,使学生对 Lable Matrix32 或其他条码软件有更深刻的认识,同时也发现制作条码的乐趣。

(4) 通过本次实验使学生深刻地认识到自己的不足,在今后的学习中还需要继续努力。

二、实训要求

通过实训室的条码打印机、条码软件(例如 Lable Matrix32 软件)与数据库连接,批量制作条码,用条码优化实训室所有的产品,并通过条码进行一次货物的收发。

三、实训设备

实训设备主要包括条码打印机、条码打印纸、条码设计软件、普通仓库、普通货物、电脑、扫描枪、仓储管理软件、货物数据库等。

四、实训内容

实验内容包括条码的设计、打印、读取,并使用条码进行商品的一次出入库。

举例:

(1) 在 Excel 中建立如图 3-13 所示的数据库,保存并关闭数据库。

图 3-13 建立数据库

(2) 用 Label Matrix32 软件设计如图 3-14 所示的标签,条码类型选用"Code 128 Auto"。

图 3-14　设计标签

（3）点击条码后，将弹出"条形码属性"对话框，选择"数据"，然后在"来源"中选择"组合"。如图 3-15 所示。

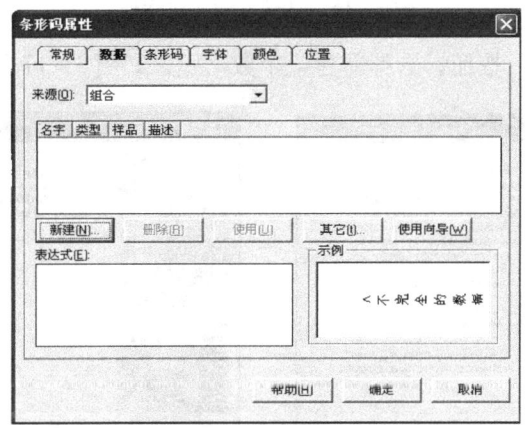

图 3-15　条形码属性对话框

（4）点击"新建"按钮，新建一个计数器，并进行计数器的高级设置，如图 3-16 所示。

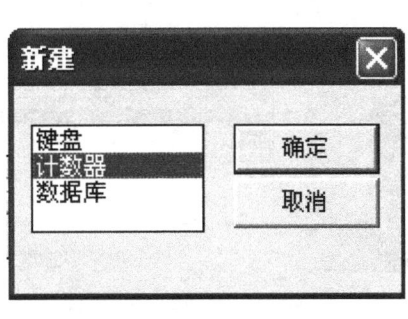

(a)

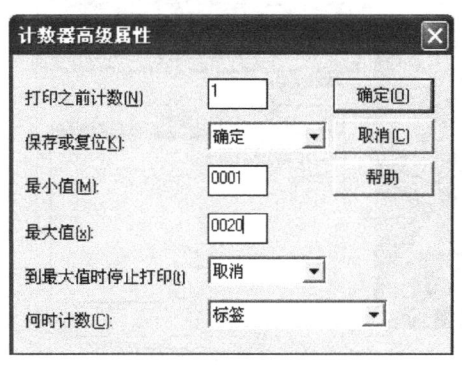

(b)

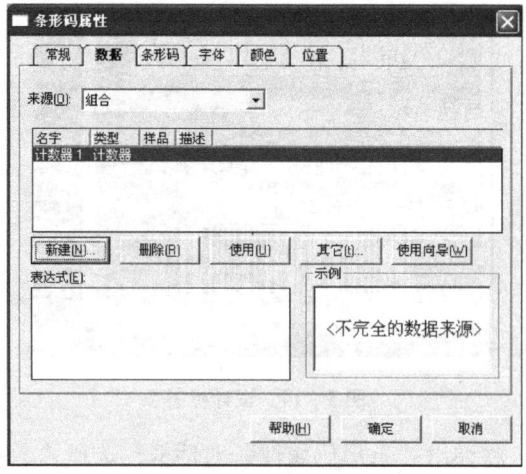

(c)

图 3-16 计数器设置对话框

(5) 点击"新建"按钮，选择新建一个数据库，如图 3-17 所示。

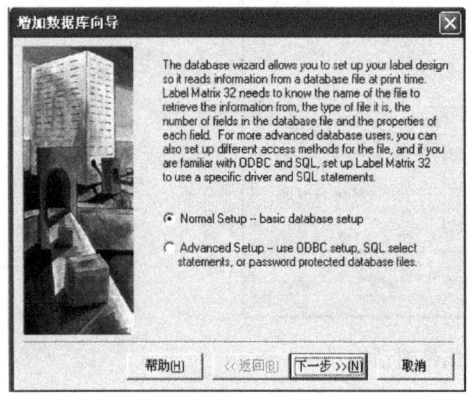

(a)

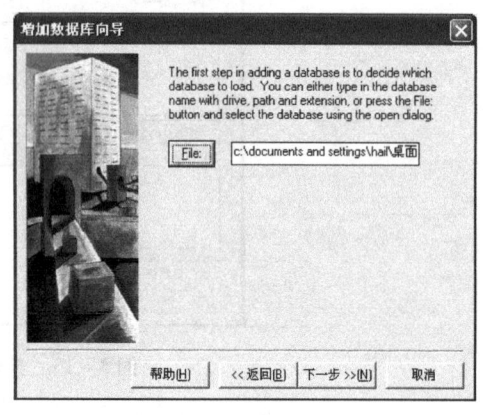

(b)

(c)

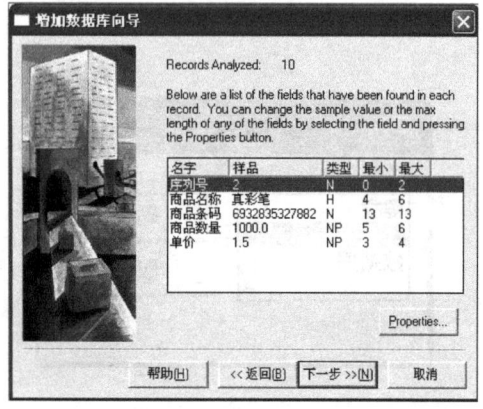

(d)

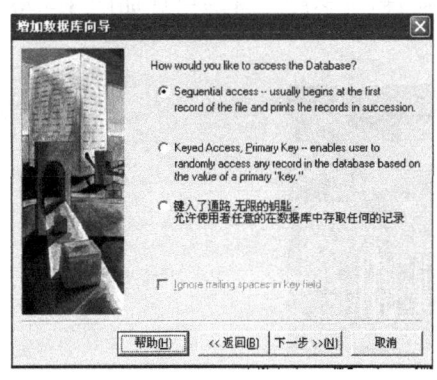
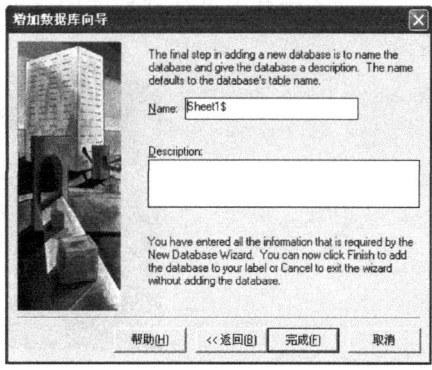

(e)　　　　　　　　　　　　　　(f)

图 3 – 17　增加数据库向导

(6) 选中"商品条码",再点击"使用"按钮,如图 3 – 18 所示。

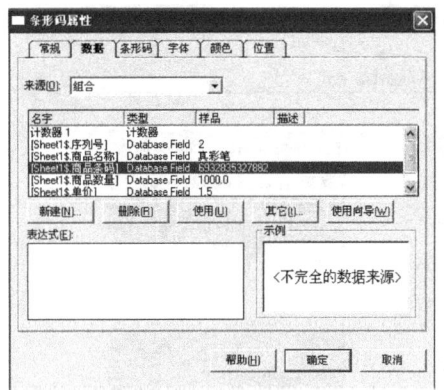
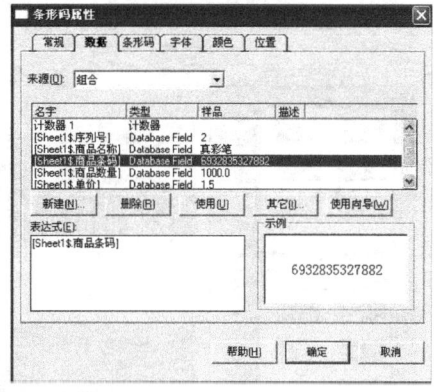

(a)　　　　　　　　　　　　　　(b)

图 3 – 18　条形码属性对话框

(7) 选择"计数器",再点击"使用"按钮,结果如图 3 – 19 所示。

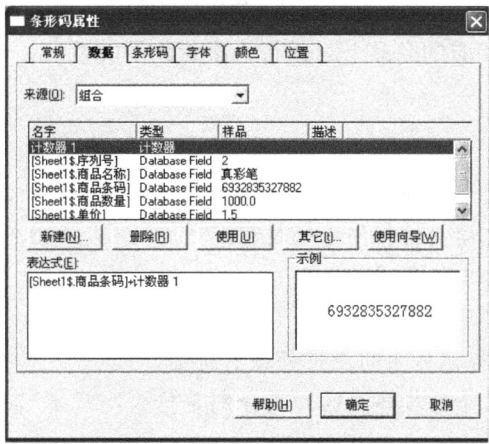

图 3 – 19　条形码属性对话框

（8）商品名称和单价都分别选用数据库中的相应字段，将会出现如图 3－20 所示的标签。

图 3－20　设计的标签示意

（9）点击"打印"按钮，即可出现连接数据库的批量标签效果图，如图 3－21 所示。

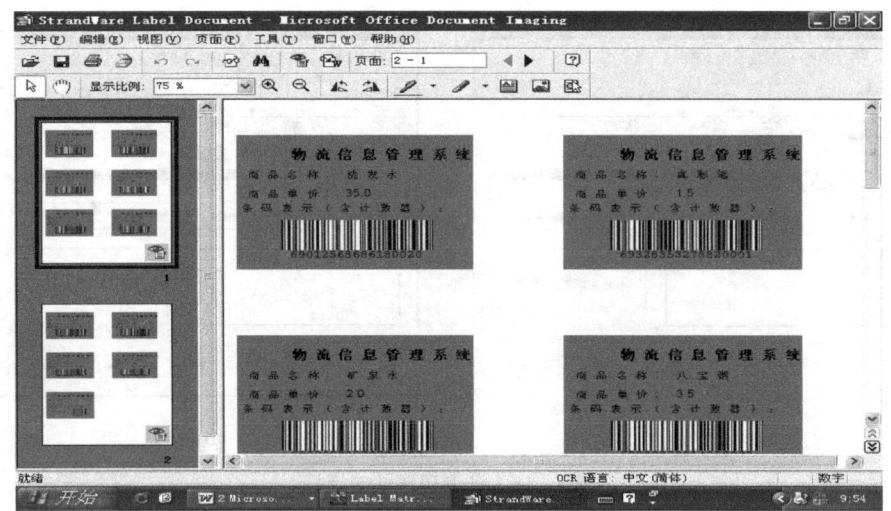

图 3－21　设计的标签

（10）把条码贴到相应的商品上，进行一次货物的收发。

思考题

1. 条码作为一种图形识别技术，与其他识别技术相比有什么特点？
2. 简要说明条码识读器的扫描译码过程。
3. 简述一维条码和二维条码的区别。
4. 商品条码的编码原则是什么？
5. EAN/UCC 条码标识体系的应用领域有哪些？
6. 物流条码标签三个区段各自的作用分别是什么？

项目四　物流射频技术

学习目标

知识目标

1. 认识射频技术的基础知识原理，学习射频技术的应用与操作流程。
2. 掌握射频技术的基本操作与设计。
3. 掌握射频技术一次出入库典型任务的操作，通过一次典型任务，熟悉射频技术在物流中的应用。

技能目标

1. 能了解射频技术的制作原理与流程。
2. 能掌握射频技术硬件、软件的安装、使用与调试。
3. 能掌握射频技术的设计、操作。
4. 能掌握射频技术在物流中的应用。

任务一　RFID 阅读器及其安装和使用

无线射频识别（radio frequency identification，RFID）正在成为现代供应链广泛应用的一项技术。它使得物流管理有了更高的效能、更大的信息流和更迅捷的灵活性。RFID 产品已在零售、医药、运输、国防和带包装消费品等行业中扮演着越来越重要的角色。

RFID 技术是通过整个 RFID 系统的运作快速信息采集的。其系统组成虽然复杂，技术含量高，但具体采集信息的操作过程却比较简便，只要掌握要领，熟悉设备性能，操作并不困难。本章将介绍 RFID 运作系统的工作原理，系统运作部分的主要设备及其构造、功能和操作方法，如几种主要的读写器安装及维护，各种电子标签的分类、使用及其贴标技术。

一、RFID 技术的基本概念和工作原理

射频（radio frequency）是指用于无线通信的电磁波。射频技术涉及射频信号的编码、调制、传输、解码等多个方面。将射频技术用于自动识别系统中，就构成了射频识别系统。

射频识别技术是 20 世纪 90 年代兴起的一项新型民用自动识别技术，它成功地将射频识别技术与计算机及 IC（集成电路）卡技术结合起来，利用无线射频方式对记录媒

体（电子标签或射频卡）进行读写，从而达到识别目标和数据交换的目的。RFID 非接触性的双向通信，突破性地解决了电子器件领域的无源（标签和射频卡可以无电源）和非接触性的重大难题。要知道 RFID 的基本工作原理，首先应知道最基本的 RFID 系统由以下三部分组成，如图 4-1 所示。

（1）标签（tag）。标签由耦合元件及芯片组成，每个标签具有唯一的电子编码，附着在物体上以标识目标对象。

（2）阅读器（reader）。读取（有时还可以写入）标签信息的设备，可设计为手持式或固定式。

（3）天线（antenna）。在标签和读取器间传递射频信号。

RFID 技术的基本工作原理并不复杂，如图 4-2 所示。标签进入电磁波所及的范围后，接收阅读器发出的射频信号，凭借感应电流所获得的能量发送出存储在芯片中的产品信息（passive tag，无源标签或被动标签），或者主动发送某一频率的信号（active tag，有源标签或主动标签）；阅读器读取信息并解码后，送至中央信息系统进行有关数据处理。

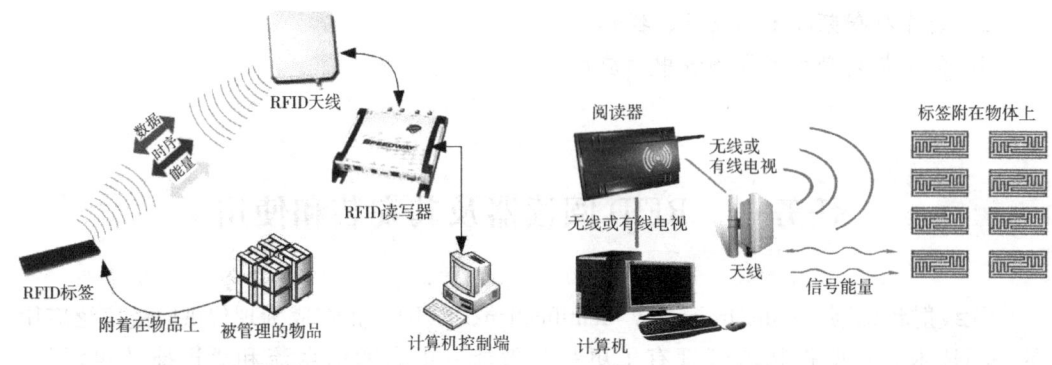

图 4-1 RFID 的组成系统　　　　　　图 4-2 RFID 工作原理图

这里要说明的是，与条码技术相比，RFID 的突破性特点有两个：第一，RFID 采用无线电射频，可以穿透外部材料读取材料内的数据；第二，可以同时对多个物体进行识读，只要这些物体进入可读取范围内即可，而条形码只能一个一个地读取。

RFID 除了存储唯一标识号之外，还可以存储大量和物资相关的有用信息，标签的天线通常是封装在不同形状的标签里的。RFID 标签将被封贴在物资的表面，其包含的各种信息将被存储在标签中央的芯片中。因标签中的信息可以更新，其标签可以重复使用。RFID 阅读器可以有多种接口方式与后台的软件系统进行连接，进行更为复杂的逻辑处理。RFID 技术与现在常见的条码技术不同，RFID 标签能够携带的信息量更大，能够通信识别的距离更长，使用方式更灵活。

二、阅读器的基本构成

阅读器由两个基本部分构成：软件部分和硬件部分。

1. 软件部分

（1）控制软件。控制天线发射的开和关，控制阅读器的工作模式，完成与主机之间的数据传输和命令交换等功能。

（2）导入软件。主要负责系统启动时导入相应的程序到指定的存储器中，然后执行其导入的程序。

（3）解码软件。将指令系统翻译成计算机可以识别的命令，并控制发送信息；或者将收到的电磁波模拟信号解码成数字信号，进行数据解码。

2. 硬件部分

（1）各种类型的阅读器系统均可简化成两个基本功能块，一个是控制系统，一个是由接收器和发送器组成的高频接口。控制系统通常用ASIC（专用集成电路）组件和微处理器来实现。当然，还要外加一个发射电磁波的天线。控制系统也称读写模块，其主要任务如下：

①与应用系统软件进行通信，执行应用软件发来的动作指令。

②控制与电子标签的通信过程。

③对信号进行编码和解码。

④执行防碰撞算法。

⑤对阅读器与标签之间传送的数据加密和解密。

⑥阅读器和电子标签的身份验证。

（2）应用软件和控制器之间的数据交换通过阅读器接口来完成，阅读器接口可采用RS-485和RS-232串口，或是RJ-45以太网口，也可以是无线WLAN接口。阅读器的波特率可以通过软件设置进行调整。高频接口又叫射频模块。其主要任务如下：

①产生高频发射能量，激活电子标签。

②调制发射信号，并将其数据传输给电子标签。

③接收并解调来自电子标签的射频信号。

3. 阅读器的分类

（1）按不同功能分类。根据RFID系统在各行业的不同功能需求，阅读器具有不同的结构和不同的外观形式。根据天线和阅读器模块的分离与否，可将其分为分离式阅读器和集成式阅读器。

①分离式阅读器。其天线和阅读器是分离的，其间通过射频电缆连接，便具有可灵活更换不同天线以适应不同行业应用的功能，同时也方便进行一个阅读器带多个天线的应用场合。但如此设计射频电缆加长，会使信号有不同程度的衰减。

②集成式阅读器。其天线和射频模块封装在一个外壳单元中，又叫一体化阅读器。典型的集成式阅读器就是手持机，即便携式阅读器。其优点是便于搬运和运输，减少了设备尺寸，也降低了设备制造成本。同时，安装也容易，还具有电缆信号衰减小等优点。

（2）按不同应用环境分类。根据行业的应用环境的不同要求，尤其是物流行业的不同环境，如仓库、商场、配送中心、运输途中等，可以将RFID阅读器分为以下几种：

①固定式阅读器（fixing reader）。图 4-3 所示为安装在某商场中的固定式阅读器。固定式阅读器不可以移动，一般有安装支架，或有固定面板及装饰板，也是最常见的阅读器形式。

②手持机（handheld reader）是便携式阅读器的简称，它将 RFID 阅读器模块和天线及掌上电脑集成在一起，来执行识别电子标签的功能，如图 4-4 所示。手持机常用于巡检、付款扫描、测试以及动物识别等工作场景中。

图 4-3　固定式 RFID 阅读器　　　　图 4-4　便携式阅读器

③发卡器（card issuer or registration reader）。发卡器或称读卡器、发卡机、发卡管理机。它的主要作用是对射频卡进行具体内容的操作，通常它与计算机近距离连在一起。操作的内容有消费纠错、建立数据档案、挂失、补卡等。实际上，发卡器就是小型的射频卡读写装置。因此，发卡器常常同发卡管理软件联合使用。发卡器同阅读器相比，往往具有发射功能较小、读写距离短的特点，其外形如图 4-5 所示。

图 4-5　发卡器

由以上的理论知识知道，要达到标签被识别的目的，标签必须进入阅读器可识别区域之内，方可完成 RFID 标签被充电、激活并与阅读器发生数据交换即自动识别的过程。在物流领域里，其被识别物的材料、大小、形状、速度以及一次性数量等都不确定。

4. 按物流业务需要的阅读器模式

阅读器除了以上三大类外，根据其在物流行业的不同流程中发挥不同的作用，还可以细分为以下几种不同模式的阅读器。

（1）通道式模式。通道式 RFID 应用模式是最常见的门形天线应用模式。这种模式通常将阅读器的天线制造成门形或通道的形式。这种系统阅读器的天线是和阅读器分离的。门形是一种封闭的通道系统，像一个方形的口子，其四周都产生阅读信号，均可完成对进入通道的被识别物上标签的自动识别。也可以是两组天线分离通道在两旁，上部不封顶，如一些高级会议通道系统。

通道式 RFID 系统常用于物流对象的形状不太规则、体积有限、标签位置比较随机、其识别距离要求较为有限的工作场合，例如机场行包、邮政包裹等管理。图 4-6 所示为用在生产流水线上对产品进行自动管理的通道式阅读器。

图 4-6　生产线上的阅读器

（2）固定式模式。固定式 RFID 应用模式是指将阅读器安装在一个固定的位置，当被识别的物体经过阅读器可识别区域时，完成 RFID 自动识别过程的一种应用形式。固定式阅读器所产生的识别区域比通道式要大，并不要求被识别物体一定经过特定位置（比如通道）才能被识别，如前所述，这种阅读器识别距离远，常常是阅读器与天线分离的形式。固定式阅读器的应用模式适用于车辆管理、集装箱管理、火车站货场管理等场合。

（3）移动式模式。当需要对被识别物进行物流搜索时，有必要将固定式阅读器移动。但是固定式阅读器体积较大又笨重，为解决移动灵活性问题，可采用比较轻巧的天线，以便操作人员仅手持阅读器天线即可进行移动扫描。这时阅读器可在一定范围内固定不动或采用手推车方式进行移动扫描。这种移动式多用在要求识别物体的距离较远、室内作业（诸如仓储式超市）的盘点，也可用于集装箱物品群检，或用在车辆补检等场合。

（4）手持式模式。手持式即用天线和阅读器被制造在同一个壳体中的手持设备进行扫描的识别模式。当然这个手持设备可以只包括阅读器和天线，还可以包括 PDA（掌上电脑）壳体，具有灵巧、方便、离线处理数据的能力。但因阅读距离较近，一般

用于补检、抽检等场合。

（5）车载式模式。物流管理中，如果需要进行货位标定，也离不开 RFID 标签。有时直接用叉车对出入库物品进行标识。这时就把阅读器设置在叉车属具上，当带有阅读器天线的叉车属具靠近作业物体时，阅读器立即获取被作业物品的信息。如果预先就存储该作业的信息，叉车就可以辨析作业物体是否正确。使用 RFID 叉车能改进运营流程及提高生产力，某些工作环境由于现场地点限制或出于过分耗费人力的考虑，不便实施传统条码扫描或人工数据输入，使用移动 RFID 读写设备的优势便十分明显，可以防止缺货、库存过量、配送错误等问题。Intermec 公司的客户麦德龙集团（METRO Group）曾发表报告，其使用移动 RFID 系统，配送中心减少人力 14%，存货到位率提高 11%，货品丢失率降低 18%。

5. 阅读器的选型

如何选择不同工作环境下的阅读器？除了要根据工作需要和环境需求以及 RFID 设备产品和行业的发展情况来进行选择外，还要从以下几个方面考虑阅读器系统设备选型。

（1）标准的选择。目前，RFID 还没有形成统一的国际标准，在全球化的经济活动中，供应链很可能会跨越好几个国家，物流行业的供应链管理系统就需要兼顾各个有关国家的标准，以免发生不必要的法律纠纷。例如，大型物流公司的通道阅读器应兼顾几种标签的识别。

（2）工作频率。根据不同的需要考虑使用不同频率的阅读器，不同频率的 RFID 阅读器有不同的特点，也有不同的技术指标和应用领域，因此不同频率的阅读器具有不同的识别性能。

（3）工作距离。阅读器所需要的作用距离取决于标签的定位精度，以及操作中多个标签之间的最小距离，还有阅读器工作区域内标签的速度等因素。比如公交系统的上车打卡，这是非接触式的付款项目，卡相当于标签，用手来靠近阅读器，其定位速度很慢。最佳作用距离为 5~10 cm，更大的作用距离可能会引发问题。因为阅读器可能会同时读取多个乘客的卡，这时就无法正确确定卡与乘客的对应关系。

（4）系统功耗与安全。系统的功率消耗需要符合一定的健康标准，而在不同的国家和地区可能有不同的要求。往往欧洲产品在这方面的安全要求比美国产品更严格，系统的功耗大小影响阅读器的电磁波发射能量，因而决定其识别距离。在选择阅读器的作用距离时，应该考虑到操作人员的健康安全，尽管中国还没有相关标准，但也应该参照相关的国际规定。

以上是阅读器选择的总体原则，但应用在物流领域中的 RFID 阅读器的选型还有其特殊性，除了以上几个大原则外，更重要的是考虑物流行业管理的物流作业对象特征的复杂性和环境的复杂性以及物流社会环节的复杂性，往往物品的流动具有很大的社会性，其中信息的共享和分发势必对 RFID 系统提出应用规范方面的要求。

（5）物流对象的物理特性。RFID 系统或阅读器对物流对象进行自动识别时，必须考虑到被识别对象的物理特性、形状、大小、移动速度、安装环境，以及标签形状、大小、贴标方式，同时还要兼顾识别的数量和标签成本。

①根据物流对象的物理特性选择不同频率的阅读器。这里的物理特性指被识别物体的形态（固体、液体、气体）、导电性能、金属性能（金属非金属）、密度等，因为可导电的液态物质会对电磁波有很强的吸收，而金属物品或高密度的非金属物品会对电磁波产生很强的反射作用。而在某些物流应用场合，如日用百货、行包分拣等，其物流对象的内容不确定，即物理特性非常复杂，很难采用单一频率来识别。通常对含有可导电的液态媒介物产品的识别，可采用低频或中频阅读器产品；对于非金属、非可导媒介物的识别，则可采用高频或超高频 RFID 系统产品；而对于全金属材料物品的识别，目前采用的解决方法是在被识别的金属物品和标签之间添加一层铁氧体硬磁材料。

②根据被识别物体的大小选择阅读器的识读距离。被识别物体的大小直接关系到系统阅读距离的远近，并影响阅读器系统的安装方式。

③根据被识别对象的移动速度选择阅读器的性能。被识别物体移动速度的快慢关系到标签在磁场中的停留时间，也就是标签获取能量的时间。因此，高速移动的物体往往应选择性能好、发射高能量电磁波的阅读器，才能使标签内部的电容在瞬间感应充电。

④根据标签的成本选择阅读器产品的档次。尽管 RFID 的标签数据可以改写，可以重复使用，但对于系统来说它还是易耗品，而系统的其他投资包括阅读器是一次性的，标签经常需要补充损坏和遗失的。同时，RFID 阅读器系统也要根据被识别物品本身的价值以及所能创造的附加值等来综合考虑整个系统的选择。射频标签和阅读器也要调制到相同的频率才能工作。LF、HF、UHF 就对应着不同频率的射频。LF 代表低频射频，在 125 kHz 左右；HF 代表高频射频，在 13.54 MHz 左右；UHF 代表超高频射频，在 850～910 MHz 范围之内，还有 2.4 GHz 的微波读写器。

⑤根据同时识别的标签数选择超高频阅读器或抗碰撞阅读器。同时能识别一批标签是 RFID 系统固有的优势之一。但同时选择的标签数太多，阅读器的识别就会变得不太可靠。而对于不同频率的 RFID 系统，抗冲撞性能也会有所差异。因此，对于经常要识别批量标签的 RFID 阅读器系统，应选择超高频的阅读器，这样抗冲撞性最好，低频则最差。

关于频率的选择问题，不同的频率有不同的特点，因此它们的用途也就形形色色。例如，低频标签比超高频标签便宜，节省能量，穿透废金属物体力强，最适合用于含水成分较高的物体，例如水果等。超高频标签作用范围广，传送数据速度快，但是比较耗能，穿透力较弱，作业区域不能有太多干扰，适用于监测从海港运到仓库的物品等。

在操作中有四种波段的频率：低频（125 kHz）、高频（13.54 MHz）、超高频（850～910 MHz）和微波（2.45 GHz）。每一种频率都有它的特点，适用于不同的领域，因此要正确使用就要先选择合适的频率，不同频率阅读器的用途如表 4-1 所示。

阅读器和标签一样，需要通过研究供给方式来决定使用的种类和数量。例如，要求是管理进出仓库的库存，阅读器可以安装在码头货物进出的舱门上。如果要求是管理送给特定客户的产品，那阅读器应该不仅仅装在舱门上，还应该装在卡车上。如果要求是控制零售货架，可以采用固定或是手持装置，从而方便自动记录出库和计数。

表 4-1　适用于不同用途的频率种类

名　称	英文名称	英文缩写	频率范围
极低频	Extremely Low Frequency	ELF	3 kHz 以下
甚低频	Very Low Frequency	VLF	3～30 kHz
低频	Low Frequency	LF	30～300 kHz
中频	Middle Frequency	MF	300～3 000 kHz
高频	High Frequency	HF	3～30 MHz
普高频	Very High Frequency	VHF	30～300 MHz 超高频
特高频	Ultra High Frequency	UHF	3～30 GHz
极高频	Extremely High Frequency	EHF	30～300 GHz

6. 抗碰撞性

这里简单介绍一下抗碰撞的工作原理。即使是具有防碰撞功能的 RFID 系统，实际上并非同时读取所有标签的内容。在同时查出有数个标签存在的情况下，检索信号并防止冲突的功能才开始运作。为了进行检索，首先要确定检索条件。例如，13.56 MHz 频带的 RFID 系统中应用的 ALOHA 方式的防碰撞功能的工作步骤如下：

（1）阅读器指定电子标签内存的特定位数（1～4 位左右）为次数批量。

（2）电子标签根据次数批量，将响应的时机离散化。例如，在两位数的次数批量"00、01、10、11"时，读写器将在不同的时机对这四种可能性逐一进行响应。

（3）若在各个时机同时响应的电子标签只有一个的场合下才能得到这个电子标签的正常数据，信息读取之后阅读器对于这个电子标签发送在一定的时间内不再响应的睡眠指令（sleep - mute）使之休眠，避免再次响应。

（4）若在各个时机内同时有几个电子标签响应，判别为"冲突"。在这种情况下，内存内的另外两位数所记录的次数批量，重复以上从步骤（2）开始的处理。

（5）所有的电子标签都完成响应之后，阅读器向它们发送唤醒指令（wake up），从而完成对所有电子标签的信息读取。

在这种搭载有防碰撞（防冲撞）功能的 RFID 系统中，为了只读一个标签，几经调整次数批量后反复读取进行检索。所以，一次性读取一定数量标签的情况下，所有的标签都被读到，其速度是不同的，一次性读取的标签数目越多，完成读取所需时间要比单纯计算所需的时间就越长。

实现防止抗碰撞的功能是 RFID 在物流领域中取代图形码所必不可少的条件之一，例如，在超市中，商品是装在购物车里面进行计价的。为了实现这种计价方式，抗碰撞功能必须完备。另外，在电子货币和个人认证方面利用 RFID 系统时，同时识别几个标签是发生差错的主要原因。

具有抗碰撞（防冲撞）功能的 RFID 系统的价格比不具有这种功能的系统要昂贵。

当用户在制作 RFID 系统时，如果没有必要进行数个 ID 同时识别时，就没有必要选择抗碰撞机能的读写器。

7. 阅读器的天线及其功能、分类和选择

（1）天线的基本功能。天线在本质上是一种可逆的能量转换器。在 RFID 系统中，阅读器和标签之间的通信是以无线方式完成的，因而阅读器和标签都必须具有自己的天线，用以接收和发送电磁波，从而完成数据的传送。当天线发射信号时，它实际是将射频信号变成无线电波发射出去；接收时它将无线电波的能量转换成射频电流能量。天线在 RFID 系统中进行识别的过程中的作用有以下三点。

①当 RFID 系统工作时，控制计算机向阅读器下达作业指令，此时，阅读器射频模块通过控制阅读器天线的电流量来将指令以电磁波的方式发射出去。

②当标签进入阅读器的可识别范围中时，标签天线感应电磁耦合，并对标签内的电容进行充电，以驱动标签芯片和阅读器建立无线通信，完成标签数据到阅读器的自动传输。

③当阅读器天线感应到标签回传的射频波（已经调制的识别信号）时，阅读器控制电路对该信号进行调解，并通过阅读器数据接口传回控制计算机，最终完成标签的自动识别。

（2）天线的基本分类。

①全向天线：即在水平方向图上表现为 360°均匀辐射，也就是平常所说的无方向性；在垂直方向图上表现为有一定宽度的波束，一般情况下波瓣宽度越小，增益越大。

②定向天线：在水平方向图上表现为一定角度范围辐射，也就是平常所说的有方向性；在垂直方向图上表现为有一定宽度的波束，同全向天线一样，波瓣宽度越小，增益越大。

③机械天线：即指使用机械调整下倾角度的移动天线。

④电调天线：即指使用电子调整下倾角度的移动天线。

⑤双极化天线：是一种新型天线技术，组合了 +45°和 -45°两副极化方向相互正交的天线，并同时工作在收发双工模式下，因此其最突出的优点是节省单个定向基站的天线数量。

几种类型的天线的外形如图 4-7 所示。

（a）7.5 dB 天线　　　　　　　　（b）环天线

图 4-7　天线的外形

(3) 阅读器天线的选择注意事项。

①对于近距离高频天线（13.56 MHz）RFID 的应用（10 cm 以内）如门禁系统，天线一般和阅读器集成在一起。

②对于远距离高频（10 cm～1 m）或超高频（3 m 以外）的 RFID 系统，天线和阅读器通常是分离式结构，并通过阻抗匹配的同轴电缆连接。阅读器的天线大多采用铜管、铜丝等制成。

③对于任何一类天线，重要的是决定极化方向。通常是水平极化和垂直极化的某一种。水平极化意味着天线辐射单元平行于地面被安装，而垂直极化的天线振子垂直于地面。从性能方面考虑，极化方式对视距接收的通信而言是非常严格的。当两个发射源的极化方式不一致时可能会损失 20 dB 或更多的功率。一个较低辐射角的天线比一个较高辐射角天线有着更远的辐射距离。一般来说，垂直极化的天线有着较低的辐射仰角。除非水平天线的安装高度超过它最低频率波长的 1/2，水平天线的辐射仰角要高于垂直天线。同样垂直天线要基于安装空间的考虑。一个垂直天线往往占用很少面积的地盘，而水平天线（如偶极 dipole）占用的面积要多得多。但水平天线也有优点：价格便宜，且不容易受到噪声的污染。

④定向天线是有方向性的理想天线。不仅可以将信号辐射向某一个方向聚集发射功率，而且通过这种"定向天线"或"八木天线"的构造，允许切除或削弱想要收听的信号方向后面的干扰。同样也可以削弱背后的信号场强达 20 dB 或更多，这称为"前后比"。一个天线可以有 6 dB 或更高的前向增益。

⑤极化损失。当来波的极化方向与接收天线的极化方向不一致时，接收到的信号都会变小，也就是发生极化损失。例如，当用 +45°极化天线接收垂直极化或水平极化波时，或者当用垂直极化天线接收 +45°极化或 -45°极化波时，都要产生极化损失。垂直极化波要用具有垂直极化特性的天线来接收，水平极化波要用具有水平极化特性的天线来接收。右旋圆极化波要用具有右旋圆极化特性的天线来接收，而左旋圆极化波要用具有左旋圆极化特性的天线来接收。用圆极化天线接收任一线极化波，或者用线极化天线接收任一圆极化波情况下，也必然发生极化损失，导致只能接收到来波的一半能量。当接收天线的极化方向与来波的极化方向完全正交时，例如用水平极化的接收天线接收垂直极化的来波，或用右旋圆极化的接收天线接收左旋圆极化的来波时，天线就完全接收不到来波的能量，这种情况下极化损失最大，称为极化完全隔离。

任务二　RFID 阅读器的安装、使用和维护

一、RFID 阅读器的安装、使用

1. RFID 系统的组成

该识别系统由 RFID 阅读器、射频天线、射频电缆、通信电缆（包括串口和网口）

和个人计算机或服务器等组成，其中 RFID 读写器是远程无线射频识别系统的关键部件。

2. RFID 读写器的技术性能与参数

（1）读写距离：读最大 5 m，写最大 3 m。

（2）发射功率：小于 32 dBm。

（3）天线增益：8 dB。

（4）识别能力：具有防碰撞协议，具备多标签识别能力。

（5）支持协议：ISO 18000 - 6B 或 EPCglobal Class1 Gen 2。

（6）数据存储空间：16 Mbit。

（7）时钟：本地万年历。

（8）物理尺寸：310 mm×200 mm×110 mm。

（9）安装方式：全向抱管。

（10）读写器重量：2 kg。

（11）工作温度：-20～50 ℃。

（12）电源：DC + 12 V，1 A。

（13）电源功耗：小于 10 w。

（14）通信接口：RS232 最高速率 19 200 bit/s。

（15）韦根 26 接口：实现数据直接送入控制器。

（16）应用程序接口：系统提供对电子标签兼容读/写所需指令的动态链接库，供 PC 端编程使用。

（17）系统参数设置：支持系统参数在线设置，同时可保留当前系统参数。

（18）RF 特性：工作频段为 902～928 MHz，采用广谱跳频扩谱（FHSS）。

（19）工作模式：跳频图案可软件设置（可根据需求定制）。

（20）标准 API 接口：阅读器提供 DLL 动态链接库，采用标准 API 接口，支持 VC、VB、Delphi 等开发环境。

（21）适用电子标签：UHF 频段专用电子标签和卡片，另外可根据客户需求进行定制。

3. 阅读器的结构与接口

阅读器外形如图 4 - 8 所示。

（1）接口。在阅读器的底部有一个 9 芯航空插座，该接口包括 IO/韦根控制接口、RS232 通信接口和电源信号，如图 4 - 8 所示。

（2）其他附件。构成完整的射频识别数据收集系统，除了需要阅读器、电子标签之外，还需要 IBM 兼容的个人计算机系统及读写器接口软件。个人计算机系统的最低要求如下：

①标准 9 针 RS - 232 串行口。

图 4 - 8　阅读器外形

②windows 98/2000/XP 系统。

③阅读器接口软件包括阅读器功能演示软件、阅读器接口软件 API 动态链接库。

4．阅读器安装的外部环境

阅读器为金属壳体，由用户自行选择距离天线较近的位置。需要满足下面的要求：①后面板径直空间为 15 cm，用于走相关的控制电缆和通信电缆。②环境要求：温度 −10 ~ 50 ℃；湿度小于 90%。

如果需要固定或挂壁式安装，直接通过设备底板上面的孔将设备固定在适当的位置即可。

（1）选择安装方式。阅读器后面板提供了一个全向抱管安装夹。根据现场具体应用需求情况，阅读器可以采用横式顶装（过车通道龙门架）或立式侧装（安装于立柱上）。天线倾角或转角通过读/写测试调整到最佳位置。现场安装时，应注意阅读器天线与电子标签天线的极化匹配问题，否则将严重影响读写器对电子标签的读/写距离。

注意：阅读器安装完毕前，不要开启电源，否则可能造成读写器损坏。

（2）接口连接关系。阅读器支持两种接口：wiegand 和 RS232。当接口 2（GND）和 4（WSEL）脚短接时，设备输出为 wiegand 模式，RS232 接口不输出数据，只作为设备参数设置。反之设备为 RS232 输出模式。

（3）系统模式设置。该阅读器支持两种工作模式，即单机和联机两种。单机模式是指阅读器无须 PC 控制，可与普通门禁控制器连接实现主动对标签识别；联机模式指阅读器对标签的识别需要 PC 控制。两种模式的选择是通过本机配备的 wiegand 接口设置实现的。

（4）外接交流电源。当阅读器按照上面的步骤安装和设置好以后，下一步就是对系统启动。按以下步骤接通阅读器的外接电源。确认交流电源的电压及工作频率符合要求：DC + 12 V。

连接系统配备的 AC 220 转 + 12 V 电源，然后接通电源通路。

注意：阅读器通电后有单机模式和联机模式两种工作模式。具体参见系统模式设置。

（5）天线安装与位置调整。根据现场应用情况，初步确定出阅读器的读写范围。选定适当的天线和安装位置，固定天线，连接好射频电缆后，阅读器通电，调整天线的倾（转）角，使识读距离达到最佳状态。最后，按调试好的天线位置及倾（转）角固定天线。

（6）测试软件安装。该阅读器单独配备了专用测试 Demo 软件用于系统测试。安装方式参考《XL500 型阅读器 Demo 测试软件用户手册》。

5．安装步骤

运行 Demo 软件，按照软件主界面指引操作。

注意：所有参数设置后需要重新启动设备，新设置参数才能生效。

（1）设置 ID 号。单击 Demo 主界面的"Get Device ID"按钮查询当前设备的 ID 号。连接设备，单击 Demo 主界面的"Set Device ID"按钮，输入相应的设备 ID 号（1 ~ 255），单击"OK"按钮即可。

（2）工作天线。单击"SET ANTEN"按钮弹出窗口，选择需要工作的天线序号，单击"OK"按钮即可。单击"QUERY ANA"按钮可查询当前天线。

注意：该阅读器一体机只有 1 号天线。

（3）频率。为了减少多台设备间和环境对设备存在的可能干扰，需要对设备工作频率进行适当的调整。系统工作频率模式共有五种，分别是 Default、A、B、C、D 模式，设备出厂设置为 Default。

单击"Frequency Map"按钮，选择天线和该天线需要设置的 Map，单击"Set"按钮即可。单击该界面"Query"按钮可对该天线频率参数进行查询。

（4）wiegand 接口参数。对于使用 wiegand 接口的用户，需要对设备的 wiegand 输出数据的格式进行设置，以更好地满足现场使用。

单击"SET WIEGAND PARA"按钮，弹出界面，可以进行设置。

（5）wiegand 工作模式说明。

①Trigger Single：单次触发。当地感通过 IN0 或 IN1 触发设备时，设备开始读卡，当读到一次卡片后设备停止读卡，同时把读到的卡信息通过对应的 wiegand 接口送给后台控制器处理。即使地感触发一直有效，设备也不再读取，除非重新触发。

②Trigger Multi：单次触发可读多张卡片。此模式是地感触发设备时，设备可以持续读多张卡，但是被读取的卡号只送一次给控制器，除非重新触发设备。

③Fimming：持续读卡，定时送读卡数据。

6. wiegand 工作参数说明

（1）Read Interval。针对 Timming 模式下，读取到的数据定时送出的时间间隔。此参数分为 300 ms、500 ms、700 ms、1 s、2 s、3 s、4 s、5 s 共八个时间段，根据具体情况进行设置。

（2）wiegand Start Byte。数据起始位置设定。由于目前的卡号都是 64 bit，对于 wiegand 26 接口只需要24 bit，用户可以通过此功能截取送出数据的位置。例如，卡号为 0x1122334455667788，wiegand Start Byte 设置为 3，那么从 wiegand 接口送出的数据为 0x445566。此参数从 0 开始。选择好适当的参数，单击"OK"按钮即可设置成功。查询所设置的 wiegand 参数，单击"QUERY WIEGAND PARA"按钮，弹出界面。

注意：此功能暂限于 XF900A 型设备。

7. 使用与维护事项

安装完成以后，开启操作与使用过程中，为保证正常运行和使用年限，还应该注意以下几点：

（1）在试验或现场调试时，人体和电子标签（射频识别卡）都不能离天线正面太近，最好在 50 cm 以上。

（2）天线和电子标签有极化方向配对的问题，将电子标签的最大接收面正对着天线面，如果读不到标签，则保持标签最大接收面正对着天线，将标签旋转 90°即可。

（3）目前的电子标签不能直接粘贴在金属表面或吸收微波的液体表面上。如果确实需要贴在金属表面，则需要选择金属标签。

（4）电子标签粘贴在汽车挡风玻璃上时，两边要离开金属边框 15 cm 以上。

（5）不同车辆的挡风玻璃对电子标签的影响不一样，在实际使用前，应仔细观察。

（6）有些车辆贴有含金属成分的防爆膜，此时必须将防爆膜开一个至少 15 cm × 20 cm 的窗口，再将电子标签贴在此窗口中间。

（7）电子标签的读写距离和天线的增益大小、标签和天线之间的夹角大小、标签所贴物品的介质、周围环境等因素有关。

（8）为了实现不停车进出，考虑到挡杆的起落时间，在施工设计时，要求挡杆应安装在天线后 5~8 m 的地方。

（9）为了达到足够的读出距离，在施工设计时，如果天线是侧面安装，则要求天线中心离地平面高度应达到 2.5 m，立杆中心离车道边缘应在 50 cm 左右。

（10）不能有金属直接靠在天线边缘。

二、RFID 串口输出读卡器简易安装方法

本设备为身份识别系统中的外部硬件——读卡器，也可用于企业考勤之用，其采用射频接收模块及嵌入式微控制器，结合高效的解码算法和先进的数据处理技术完成 64 bits 只读方式的 UM4001 及其兼容的 RFID 卡的解码及数据输出。本读卡器作为一种计算机外部输入设备，能读出 RFID 卡内的序列号，并通过 RS232 串口输出至计算机，管理软件便能用此记录的卡号，派生出更多的管理功能。本设备性能可靠、操作方便。

1. 技术参数

（1）支持卡类：UM4001 或及其兼容的 RFID 卡。

（2）数据格式：以 STX 开始，紧接 10 位十进制序列号以 CR、LF、ETX 结束。

（3）10 位十进制号为 RFID 卡序列号后 4B 十六进制转换形成。

（4）通信格式：RS232（9600，n，8，1），ASCII 编码。

（5）读卡距离：大于 80 mm。

（6）读卡时间：小于 100 ms。

（7）输出接口：通用九孔串行接口。

（8）供电方式：键盘口取电。

2. 安装步骤

（1）先把串口连好。

（2）从 PC 上拨出键盘插头，插入读卡器 PS/2 型 6 孔阴性插座。

（3）把读卡器的另一阳性插头插入 PC 的键盘口，读卡器鸣响一声，绿灯闪一次，提示安装成功。

（4）打开相应软件处于输入状态刷卡，鸣响一声，绿灯闪一次，对话框出现一串号码并自动回车换行，表示系统正常。

（5）出现的号码即为所需射频卡序列号。

3. 维护事项及简易故障排除

（1）读卡器安装于方便刷卡操作的位置，同时避免靠近显示器，因显示器的辐射可能会干扰读卡器的正常工作。

（2）读卡器与计算机之间的通信电缆长度应小于 15 m。

（3）避免在临界状态（刚能读卡的距离）读卡。

（4）若计算机主机的串口为老式 25 针接口，可用市场上的专用串口转换头适配。

（5）刷卡没反应：接口是否插好；射频卡是否为兼容的 RFID 卡类；射频卡是否已坏；是否另有射频卡处于读卡范围内。

（6）转送数据出错：通信端口、格式是否设置正确；是否处于强电磁场干扰的环境中读卡；读卡器与计算机之间的通信电缆是否过长；是否处于临界状态读卡。

任务三　射频技术典型案例实操

一、在系统中写卡

1. RFID 的构成（见任务一、任务二内容）

RFID 的构成设备如图 4-9 所示。

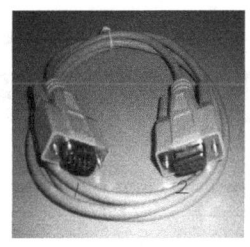
（a）COM线

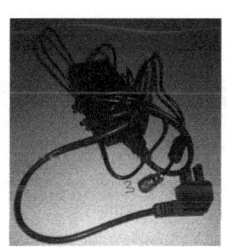
（b）电源线

（c）固定的配件

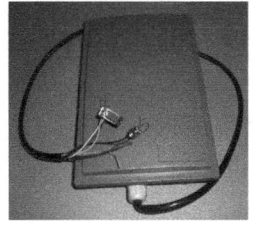
（d）RFID

（e）计算机接口

图 4-9　RFID 的构成设备

2. 设备的连接

按图 4-9 中（a）~（e）所示的设备进行连接。

3. 设备的使用

(1) 供应链下使用。

①对 RFID 卡的写入，如图 4-10 所示。

图 4-10　RFID 卡的写入

②出入库对 RFID 卡的使用，如图 4-11 所示。

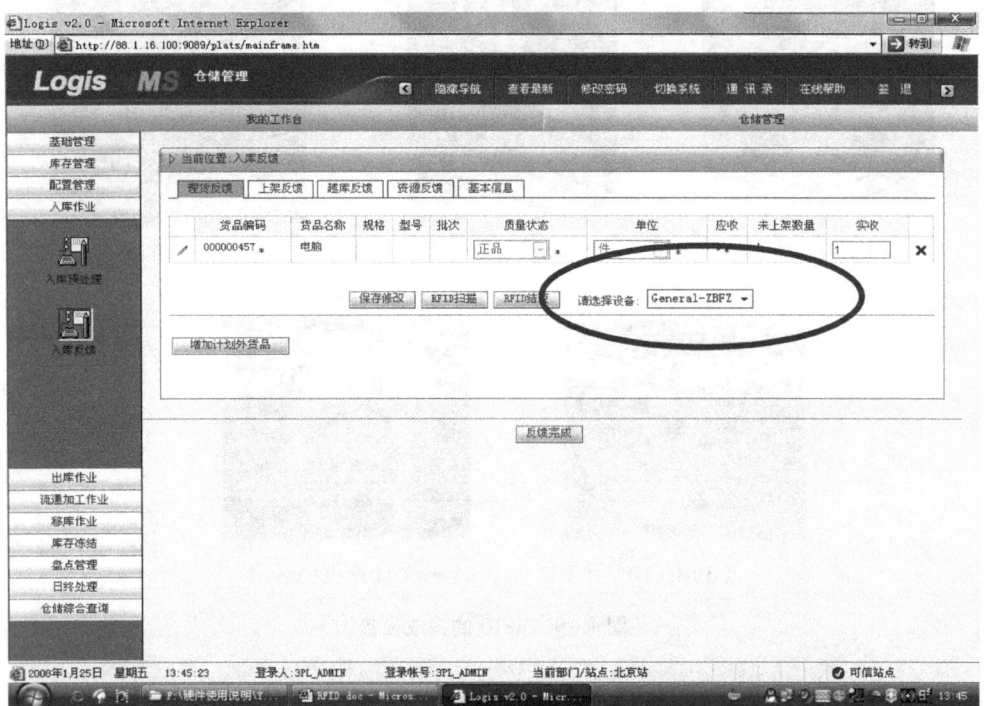

图 4-11　出入库对 RFID 卡的使用

（2）仓储管理系统下使用。仓储管理系统下 RFID 写卡与 RFID 输入分别如图 4 - 12 和图 4 - 13 所示。

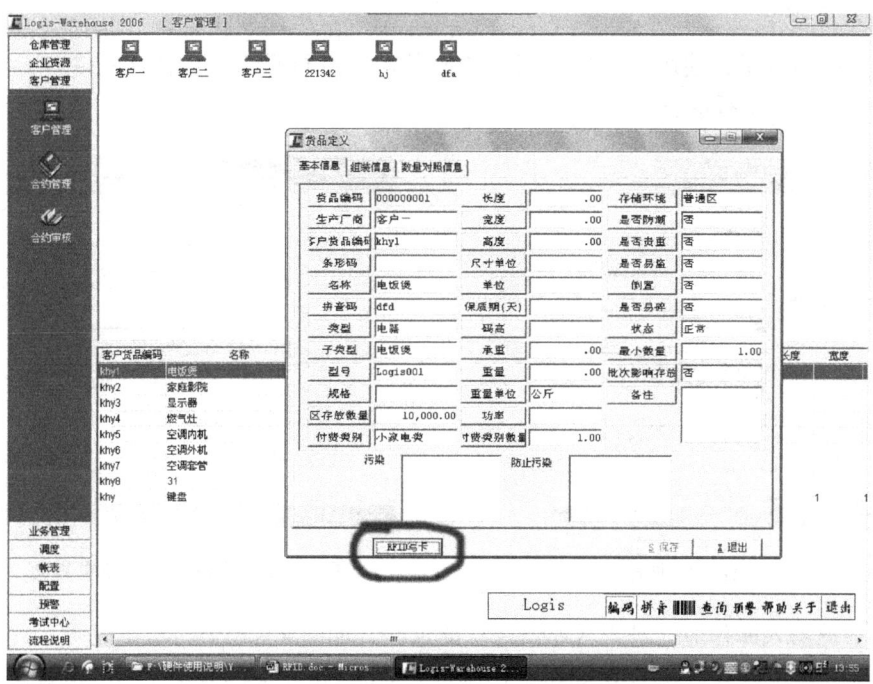

图 4 - 12　仓储管理系统下 RFID 写卡

图 4 - 13　仓储管理系统下 RFID 输入

二、在仓储管理系统中进出货

1. 入库理货

（1）手持登录：使用与信息员相同的账号密码进行登录，如图 4-14 所示，登录后界面如图 4-15 所示。

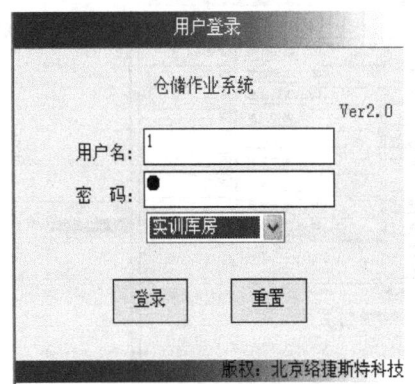

图 4-14　仓储作业登录界面

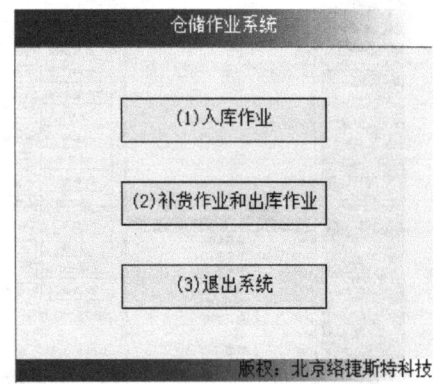

图 4-15　仓储作业系统主界面

（2）点击入库作业，进入入库作业功能页面，如图 4-16 所示。（说明：每个按钮前面的数字是快捷键，并不是操作顺序，在手持上点击相应的数字，与点击效果相同）

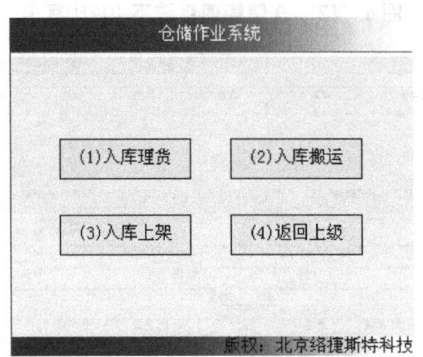

图 4-16　入库作业功能界面

（3）点击图 4-17 列表上的"理货"，转到下一界面，如图 4-18 所示。

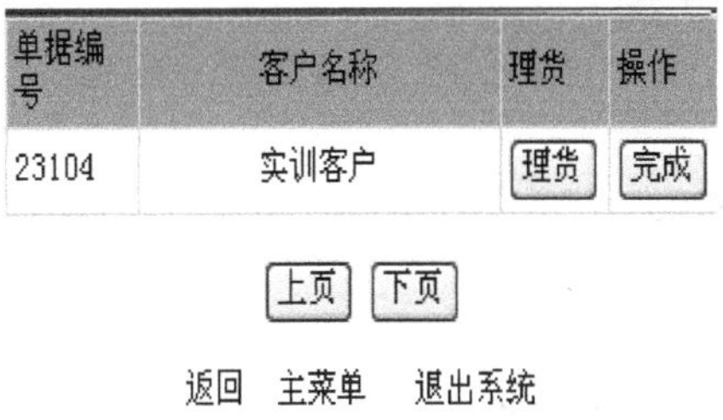

图 4-17 "理货"按钮界面 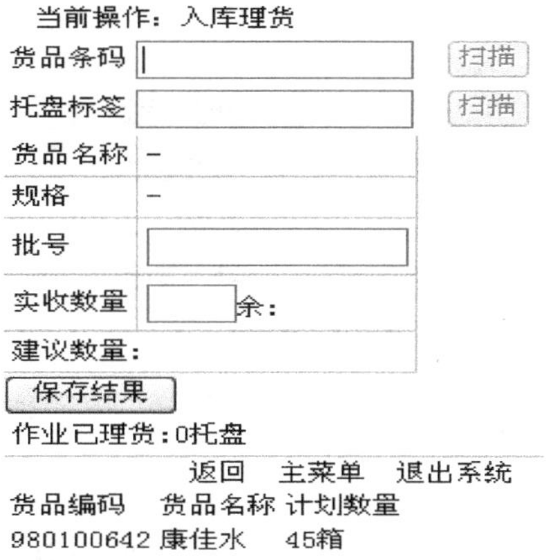   图 4-18 入库理货操作界面

（4）扫描要理的货品条码，系统提示此货品应该存放到相应的存储功能区。

（5）扫描托盘标签号，录入相应的批次号。

（6）点击"保存结果"。

循环（4）~（6），直到把所有的货品理完。（注：如果操作时误将托盘扫描成货品条码，点击文字货品条码或托盘标签即可清除录入域。）

2. 入库搬运

理货完成后，从图 4-16 点击"入库搬运"，进入如图 4-19 所示页面。

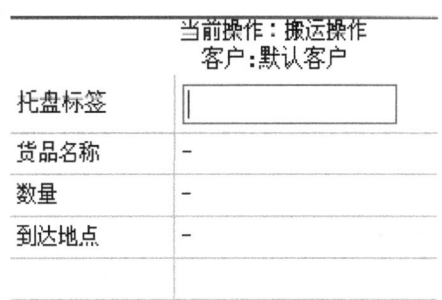

图 4-19 入库搬运操作界面 1

进入这个页面后，要先查看下面的任务列表中有没有需要作业的任务，如果没有，返回上一页面，然后重新进入这个页面刷新任务列表。

操作步骤：

（1）扫描待搬运的托盘标签，系统读出该托盘上的货品名称和所要搬运到达的地点，如图 4-20 所示。

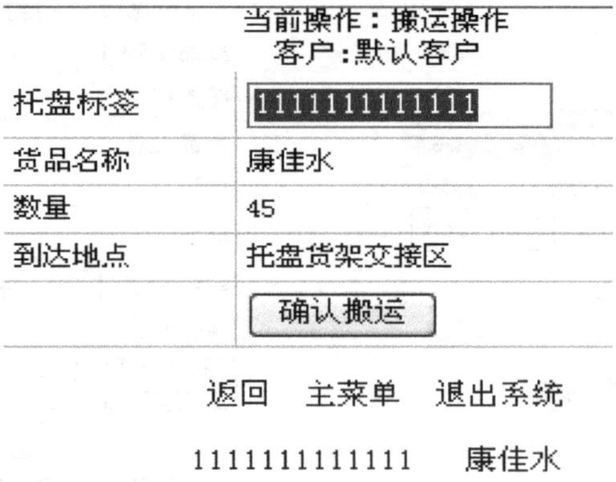

图 4-20 入库搬运操作界面 2

（2）点击"确认搬运"完成该托盘的搬运工作。

循环（1）~（2）操作，直至搬运所有的待工作托盘，完成入库搬运操作。

3. 入库上架

从图 4-16 点击"入库上架"，进入如图 4-21 所示页面。

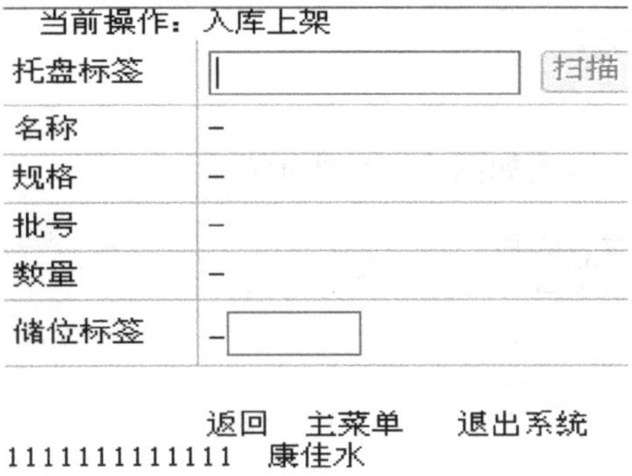

图 4-21 入库上架操作界面 1    图 4-22 入库上架操作界面 2

（1）扫描待上架的托盘标签，系统读出该托盘上的货品名称和所要上架的货位，如图 4-22 所示。

（2）扫描上架的货位，扫描的货位必须与系统分配的货位相同，否则不允许上架。

（3）点击"确认上架"完成该托盘的搬运工作。循环（1）~（3）操作，直至搬运所有的待工作托盘，完成入库上架操作。

4. 入库理货

上架操作完成后，再次点击"入库理货"操作界面，如图 4-17 所示，点击列表中的"完成"，结束该作业任务。至此入库作业完成。

5. 整托出库操作流程

（1）订单录入。

①信息员登录系统成功后,点击"查看最新",点击"出库订单"按钮。进入如图4-23所示页面。

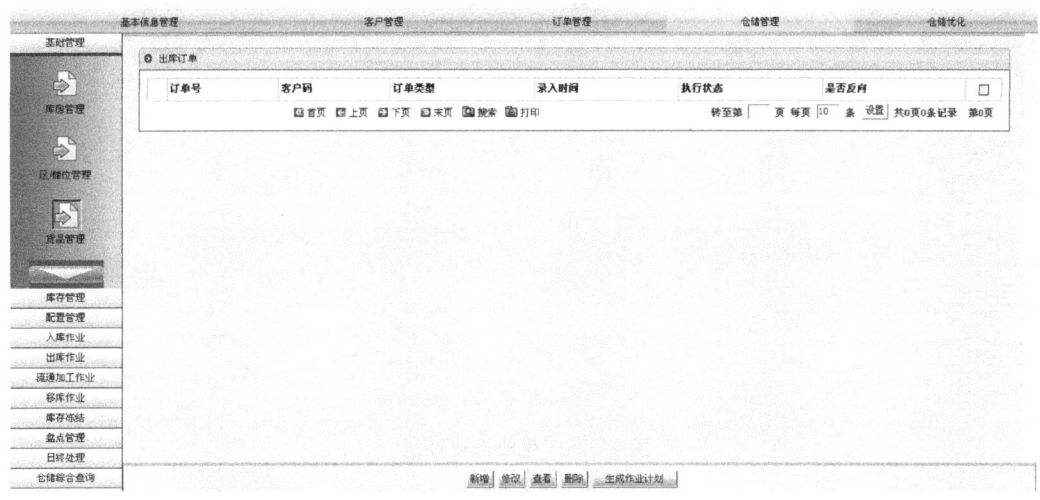

图4-23 出库订单操作界面

②点击"新增"按钮,进入订单录入页面,如图4-24所示。

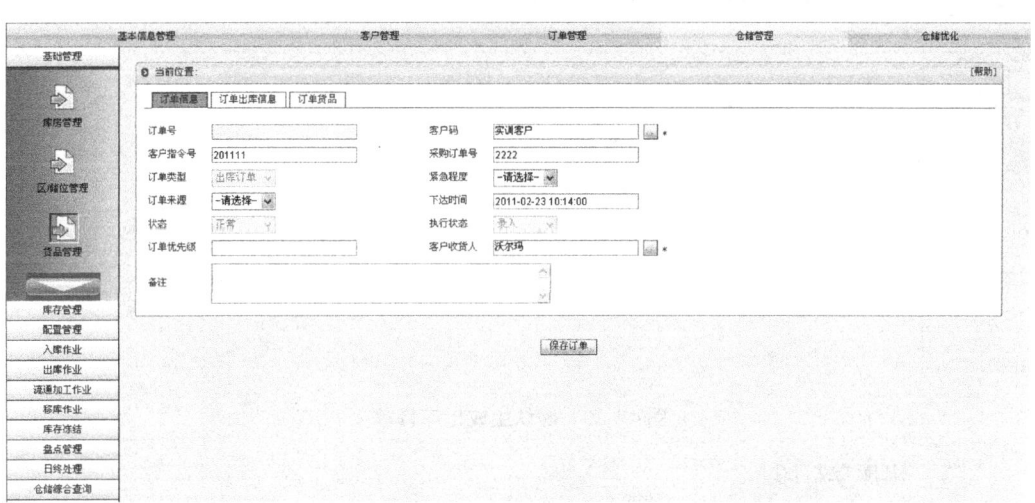

图4-24 出库订单信息录入界面

③根据要求录入正确的订单信息、订单出库信息、订单货品信息等。确认无误后,点击"保存订单"按钮。

(2)生成作业计划。选中要操作的记录,点击"生成作业计划",信息核对无误后,点击"确认生成"按钮下达作业指令。如图4-25和图4-26所示。

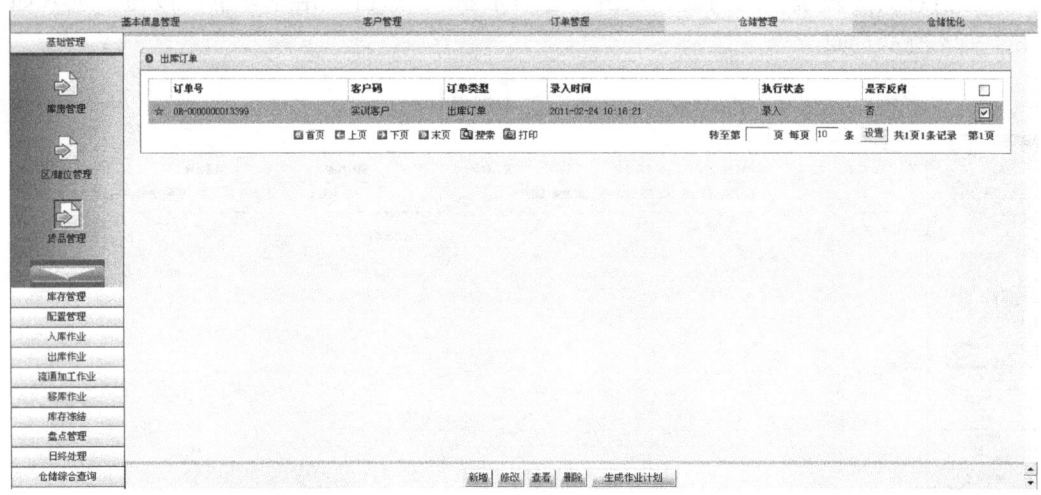

图4-25 生成作业计划

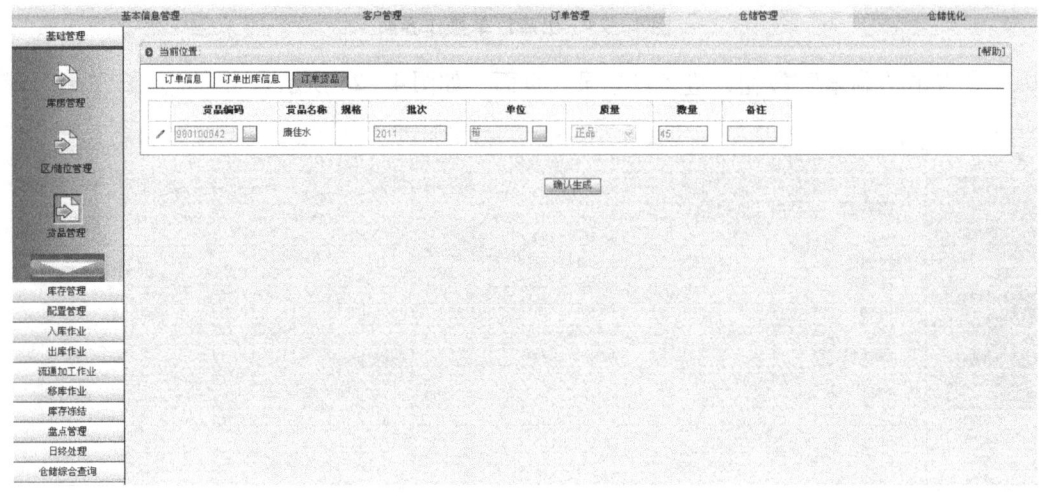

图4-26 确认生成出库订单

(3)出库单打印。

①点击"查看最新"按钮,进入功能选择页面,点击"出库单打印"按钮进入如图4-27所示页面。

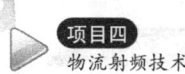

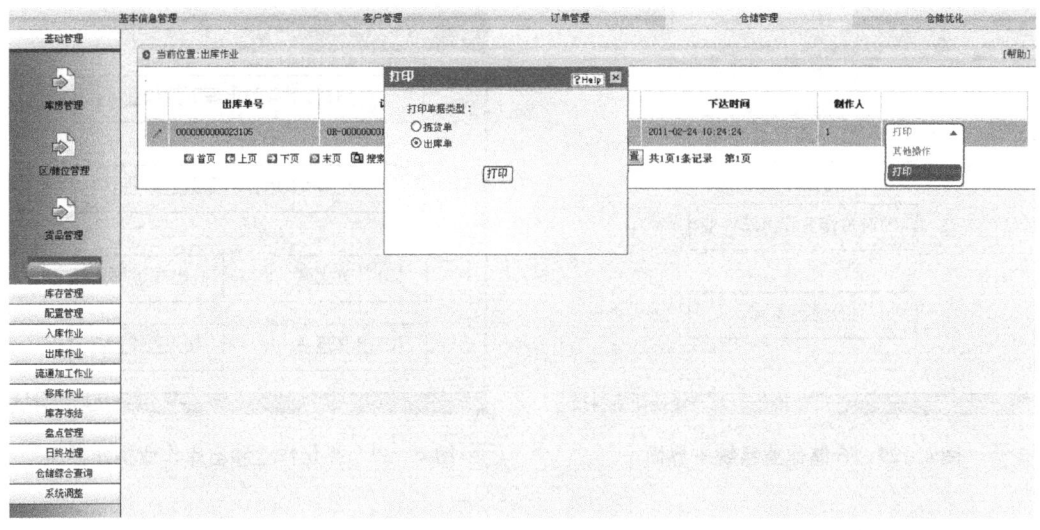

图 4－27　出库订单打印 1

②选择打印功能，点击“打印”按钮，进入打印订单页面，如图 4－28 所示。点击图中的“打印”按钮，完成打印。

打印

出 库 单

作业计划单号 0000000000023105

1 配货中心 实训库房仓库　　应发总数：45.0 实发总数：

客户名称：实训客户　客户编号：WM0100642　客户指令号：201111　日期：2011-02-24

产品名称	条形码	规格	单位	应发数量	实发数量	货位号	批号	备注
康佳水	6935918745788		箱	45			2011	

制单人：信息员　仓管员（签字）：______________　收货人（签字）：______________

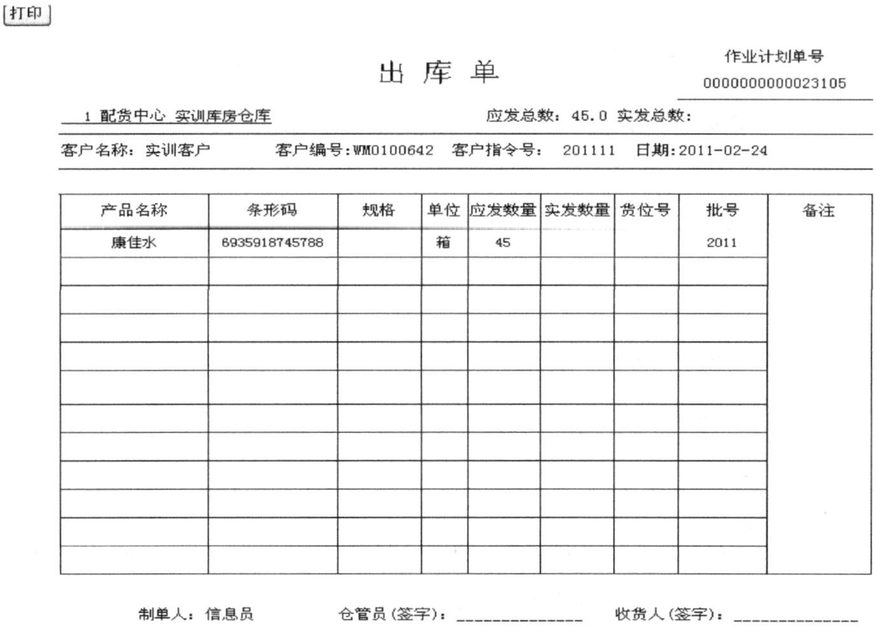

图 4－28　出库订单打印 2

③以下操作将在 RFID 中完成：作业人员使用和信息员相同的账号登录成功后，进入如图 4－29 所示页面，点击“（2）补货作业和出库作业”按钮，进入如图 4－30 所示页面。

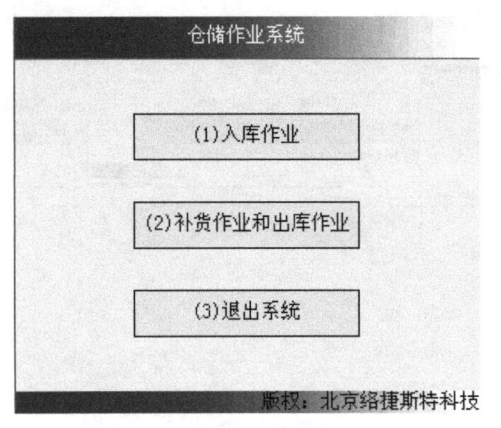
图4-29 仓储作业系统主界面

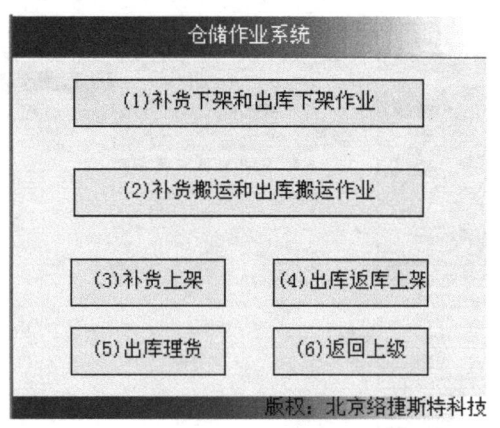
图4-30 补货作业和出库作业操作界面

（4）出库理货。

①点击"出库理货"进入出库理货页面，如图4-31所示。

图4-31 出库理货操作1

图4-32 出库理货操作2

②点击"开始"按钮，启动作业，按钮会变成"完成"，如图4-32所示。这表示作业已经启动。

（5）出库下架。

①点击"（1）补货下架和出库下架作业"按钮，进入下架页面，如图4-33所示。

进入页面后首先要查看下面的任务列表是否有需要下架的任务，如果没有任务，需要返回到上级菜单，然后再回到这个页面，达到刷新列表的目的。

②如果有任务，根据任务列表中的任务，在图4-33中，扫描托盘标签号，系统会自动显示出货品信息和所要下架的货位信息。

③扫描目标货位。扫描货位必须与系统分配货位相同，如图4-34所示。

④点击"确认下架"完成出库操作。

如果有多个下架任务，循环②到④的操作，直至把所有待下架任务完成。

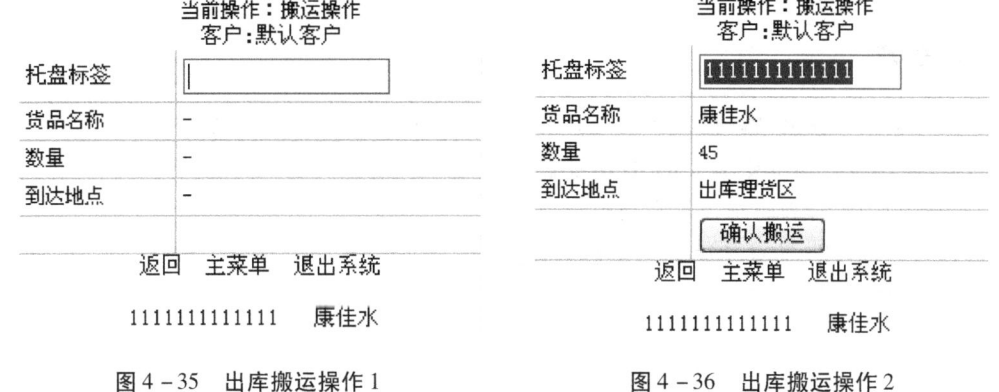

图 4-33　出库下架操作 1 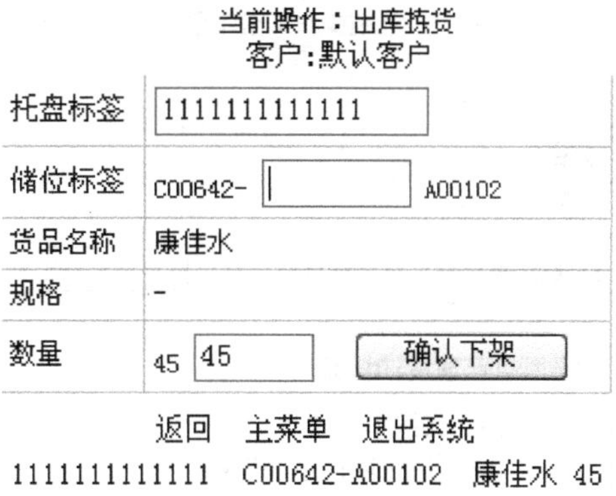　　　　　图 4-34　出库下架操作 2

（6）搬运作业。

①返回如图 4-30 所示页面点击"（2）补货搬运和出库搬运作业"按钮，进入如图 4-35 所示页面。

图 4-35　出库搬运操作 1　　　　　图 4-36　出库搬运操作 2

②扫描托盘标签号，系统会自动地显示出该托盘上所放的货品信息、数量和要搬运到达的地点，搬运完毕后，点击"确认搬运"，完成搬运操作。如图 4-36 所示。

如果有多个搬运任务，循环②操作，直至把所有待搬运任务完成。

（7）出库理货。

①返回如图 4-30 所示页面，点击"（5）出库理货"按钮，进入图 4-32 所示页面，点击"理"进入如图 4-37 所示的出库理货页面。

②理货操作。点击下面任务的托盘标签号，系统会自动显示该托盘的信息，如图 4-38 所示。

点击下面任务的托盘标签号，系统会自动显示该托盘的信息，如图 4-38 所示。

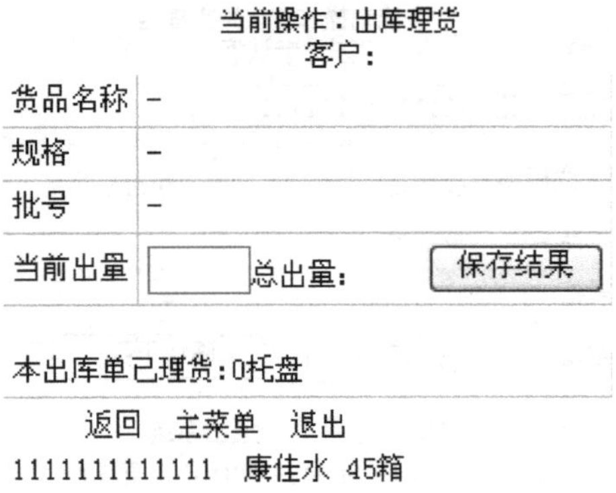

图 4-37 出库理货操作 1 　　　　　　图 4-38 出库理货操作 2

③点击"保存结果"按钮，完成该托盘的理货结果。如果有多条记录，循环②到③操作，直到所有需要理货的任务完成。

④点击"返回"按钮，回到出库理货任务列表页面，如图 4-26 所示，点击"完成"按钮，结束这条单据的作业任务，出库作业完成。

思考题

1. RFID 阅读器的硬件部分由哪几部分组成？分别有什么样的功能？
2. 根据物流业务需要，RFID 阅读器有哪几种模式？
3. RFID 阅读器的天线基本功能是什么？
4. 写出 RFID 港口货运集装箱的工作流程。
5. 在建立（集成）物流 RFID 管理系统时，通常应该注意哪几个方面的问题？

项目五　智能仓储

学习目标

知识目标

1. 认识立体仓库的基础知识，学习立体仓库的应用与操作流程。
2. 认识常见的仓储设备，学习各种设备的特点和用途。
3. 认识仓储机器人，了解仓储机器人在物流中的应用。
4. 掌握电子标签的制作，通过一次出入库典型任务的操作，熟悉电子标签的应用。

技能目标

1. 能掌握立体仓库的操作原理与流程。
2. 能掌握常见的仓储设备特点和用途。
3. 了解仓储机器人在物流中的应用。
4. 能掌握电子标签的设计、制作。
5. 能掌握电子标签在库存中的应用。

任务一　认识立体仓库

仓库由贮存物品的库房、运输传送设施（如吊车、电梯、滑梯等）、出入库房的输送管道和设备以及消防设施、管理用房等组成。

按照仓库设备不同，仓库可分为自动化立体仓库和人工仓库；按照仓库监管不同，仓库可分为普通仓库、海关监管仓库和保税仓库；按照仓库温度不同，仓库可分为常温仓库、冷冻库和常温可调仓库；按照仓库货架不同，仓库可分为平堆库（单层仓库、无货架）、立体库（多层仓库）。

一、自动化立体仓库的定义

自动化立体仓库（见图5-1）又称自动化高架仓库或自动存储系统。它是采用高层货架存放货物，以巷道式堆垛起重机和出入库周边设备进行作业，由自动化控制系统进行操纵的现代化仓库。其能自动储存和输出物料，是由多层货架、运输系统、计算机系统和通信系统组成的，集信息自动化技术、自动导引小车技术、机器人技术和自动仓储技术于一体的集成化系统。

图 5-1 自动化立体仓库

二、自动化立体仓库的特点

1. 立体仓库一般都较高

立体仓库高度一般在 5 m 以上,最高可达到 40 m,常见的立体仓库在 7~25 m 之间。

2. 立体仓库必然是机械化仓库

由于货架在 5 m 以上,人工已难以对货架进行进出货操作,因而必须依靠机械进行作业。而立体仓库中的自动化立体仓库,则是当前技术水平较高的形式。

3. 立体仓库中配置有多层货架

由于货架较高,所以立体仓库又称为高层货架仓库。

三、自动化立体仓库的分类

1. 按货架高度分类

根据货架高度不同,自动化立体仓库细分为高层立体仓库(15 m 以上)、中层立体仓库(5~15 m)及低层立体仓库(5 m 以下)等。由于高层立体仓库造价过高,对机械装备要求特殊且安装难度较大,因而相对建造较少;低层立体仓库主要用于老库改造,是提高老库技术水平和库容的可行之路;目前使用较多的是中层立体仓库。

2. 按货架构造分类

按货架构造分类,自动化立体仓库分为单元货格式立体仓库(见图 5-2)、贯通式

立体仓库(见图5-3)、自动化柜式立体仓库(见图5-4)、条型货架立体仓库(见图5-5)。

图5-2 单元货格式立体仓库

图5-3 贯通式立体仓库

图5-4 自动化柜式立体仓库

图5-5 条型货架立体仓库

3. 按建筑物构造分类

按建筑物构造分类,分为一体型立体仓库和分离型立体仓库。

一体型立体仓库(见图5-6)又称整体式仓库,是指货架除了储存货物以外,还作为库房建筑物的支撑结构,是库房建筑的一个组成部分,即货架与建筑物形成一个整体。这种形式的仓库建筑费用低,抗震,尤其适用于15 m以上的大型自动仓库。

图5-6 一体型立体仓库

分离型立体仓库（见图5-7）是指货架与建筑物相互独立。适用于车间仓库、旧库技术改造和中小型自动仓库。

图5-7 分离型立体仓库

4. 按立体仓库装取货物机械种类分类

按立体仓库装取货物机械种类分类，自动化立体仓库可分为货架叉车立体仓库、巷道堆垛机立体仓库。

5. 按操作方式分类

（1）人工寻址、人工装取方式。由人工操作机械运行并在高层货架上认址，然后由人工将货物由货架取出或将搬运车上的货物装入货架。

（2）自动寻址，人工装取方式。按输入的指令，机械自动运行寻址认址，运行到预定货位后，自动停住，然后由人工装货或从货架中取货。

（3）自动寻址、自动装取方式，是无人操作方式。按控制者的指令或按计算机出库、入库的指令进行自动操作。

以上三种方式，人工寻址、人工装取主要适用于中、低层立体仓车，另两种适用于中、高层立体仓库。

6. 按功能分类

按功能分类，自动化立体仓库可分为储存式立体仓库和拣选式立体仓库。

（1）储存式立体仓库（见图5-8），以大量存放货物为主要功能，货物种类不多，但数量大，存期较长。各种密集型货架的立体仓库都适用于做储存式仓库。

图 5-8　储存式立体仓库

(2) 拣选式立体仓库（见图 5-9），是以大量进货，多用户、多种类、小批量发出为主要功能的立体仓库。这类仓库要创造方便拣选和快速拣选的条件，因此，往往采取自动寻址认址的方式。由于用户需求差异较大，难以整进整出，因此，不适合用自动化无人作业方式，而是使用人工拣选。拣选式立体仓库较多用于配送中心。

图 5-9　拣选式立体仓库

四、自动化立体仓库的组成部分

1. 货架

货架是用于存储货物的钢结构,主要有焊接式货架和组合式货架两种基本形式。

2. 托盘（货箱）

托盘是用于承载货物的器具。

3. 巷道堆垛机

巷道堆垛机是用于自动存取货物的设备。按结构形式,分为单立柱和双立柱两种基本形式；按服务方式,分为直道、弯道和转移车三种基本形式。

4. 输送机系统

输送机系统是立体库的主要外围设备,负责将货物运送到堆垛机或从堆垛机将货物移走。输送机种类非常多,常见的有辊道输送机、链条输送机、升降台、分配车、提升机以及皮带机等。

5. AGV 系统

AGV 系统即自动导向小车。根据其导向方式分为感应式导向小车和激光导向小车。

6. 自动控制系统

自动控制系统驱动自动化立体库系统各设备的自动控制,以采用现场总线方式为主要控制模式。

7. 储存信息管理系统

储存信息管理系统亦称中央计算机管理系统,是全自动化立体库系统的核心。典型的自动化立体库系统均采用大型的数据库系统（如 ORACLE, SYBASE 等）构筑典型的客户机/服务器体系,可以与其他系统（如 ERP 系统等）联网或集成。

五、自动化立体仓库的优缺点

1. 自动化立体仓库的主要优点

（1）提高仓库利用率。高层货架存储,节省库存占地面积,提高空间利用率。目前世界上最高的立体仓库高度已达 50 m,单位面积存储量可达 7.5 t/m^2,是普通仓库的 5~6 倍。

（2）提高作业效率。可实现自动存取货物,运行和处理速度快。由于货物分别在货架的独立格内,彼此互不堆压,因此在存取时互不干扰,特别适用于库存品种繁多、货物进出频繁的仓库。

（3）提高保管质量。采用立体货架储存方式,由于每件货物分别存放在不同货格内,互不堆压,取运手段又采用了机械化作业,从而提高了货物的完好性。

2. 自动化立体仓库的主要缺点

（1）结构复杂,配套设备多,需要的基建和设备投资很大。

（2）货架安装精度要求高，施工比较困难，而且施工周期长。

（3）储存货品的品种受到一定的限制，不同类型的货架仅适合于不同的储存物品，需要单独设立存储系统用于存放长、大、笨重的货物以及要求特殊保管条件的货物。

（4）对供应商的依赖性较强。自动化立体仓库的巷道式堆垛起重机、自动控制系统等都是技术含量极高的设备，维护要求高，因此必须依赖供应商，以便在系统出现故障时能得到及时的技术援助。这就增强了对供应商的依赖性。

任务二　常见的仓储设备

仓储设备是指仓储工作中使用的设备，能够满足储藏和保管物品需要的技术装置和机具，有多个种类，常见的是装卸搬运设备和保管设备。我们这里主要介绍托盘、叉车和货架。

一、托盘

1. 托盘的定义

根据国家标准《物流术语》（GB/T 18354—2006）对托盘的定义，托盘是指用于集装、堆放、搬运和运输的、放置作为单元负荷货物和制物的水平平台装置。

2. 托盘的作用

（1）集装容器：集装堆放物料，节省存储空间。

（2）装卸搬运工具：便于叉车和堆垛机的叉取和存放，站内和库内进行整托盘运输，提高装卸搬运效率。

3. 托盘的分类

托盘主要有两种分类方式。

（1）按上部结构分可分为平托盘、柱式托盘、箱式托盘和轮式托盘。

①平托盘是最常见、最通用、使用量最大的托盘类型，没有上层结构。如图5-10（a）所示。

②柱式托盘是在平托盘的四角有固定式或可卸式、可折叠的柱子。利用立柱支撑承重，可以多层叠放货物，防止托盘上放置的货物在运输和装卸过程中发生塌垛现象。如图5-10（b）所示。

③箱式托盘有一个箱体。箱式托盘是在平托盘基础上发展起来的，多用于散件或散状物料的集装，或者形状特殊不能够稳定堆码的货物。箱式托盘防护能力强，可有效防止塌垛和货损。如图5-10（c）所示。

④轮式托盘是柱式托盘或箱式托盘的下部装有小型轮子的托盘。具有柱式、箱式托盘的优点，可作短距离运动。如图5-10（d）所示。

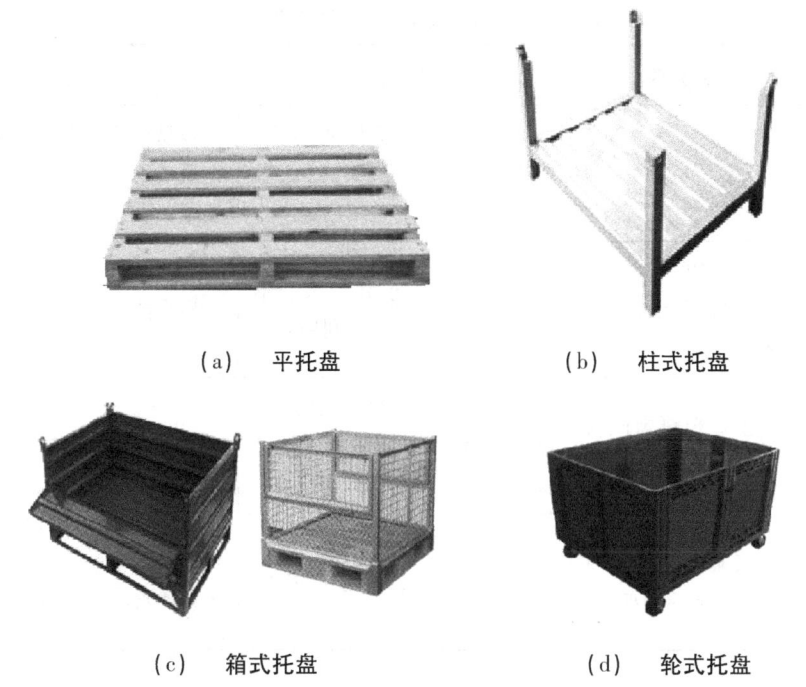

(a) 平托盘　　　　　　　　(b) 柱式托盘

(c) 箱式托盘　　　　　　　(d) 轮式托盘

图 5-10　托盘按结构分类

（2）按材料分可分为木托盘、金属托盘、塑料托盘和纸托盘，如图 5-11 所示。不同材质托盘的优缺点见表 5-1。

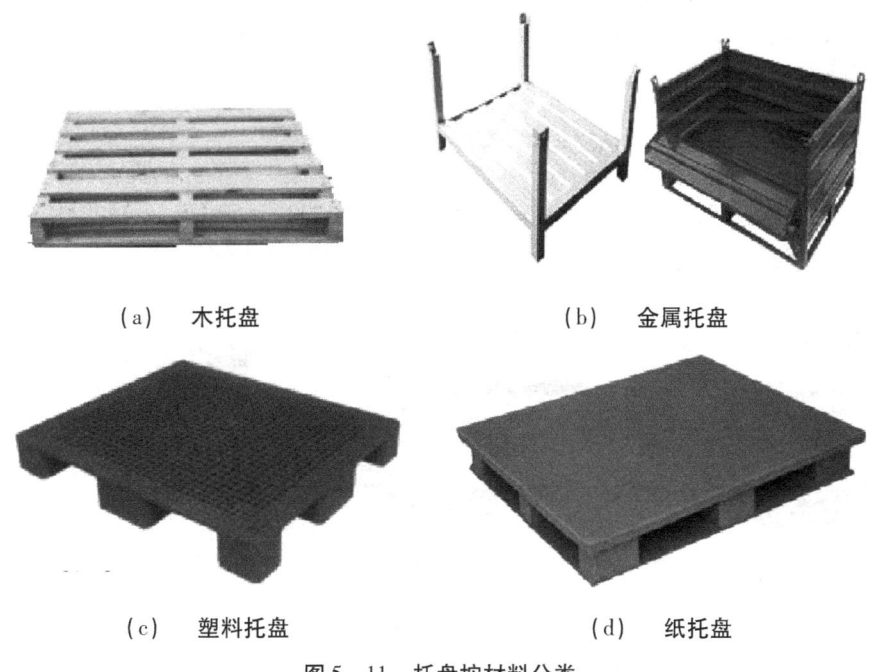

(a) 木托盘　　　　　　　　(b) 金属托盘

(c) 塑料托盘　　　　　　　(d) 纸托盘

图 5-11　托盘按材料分类

表 5–1　不同材质托盘的优缺点

托盘种类	材质说明	优点	缺点
木托盘	以天然木材为原料制造的托盘	不易变形、承载能力大、成本低、易于维修、耐低温和高温性能好、适用范围广	容易生虫腐烂，木材不同则质量不同，需要进行熏蒸处理
金属托盘	以钢、铝合金、不锈钢等为原材料加工制造的托盘	结实耐用、承载量大、不易损坏、可以回收再利用	易腐蚀、价格较高
塑料托盘	以工业塑料为原材料制造的托盘	重量轻（比木质、铁质托盘轻），使用寿命比木质托盘长，耐化学腐蚀	废弃后污染比较大
纸托盘	以纸浆、纸板为原料加工制造的托盘	无虫蛀、重量轻（是同等体积木托盘的 1/3）、可以 100% 回收	刚度不够、生命周期比较短、遇水容易损坏

二、叉车

1. 叉车的定义

叉车是仓储作业中最常用的机械设备。根据国家标准《物流术语》（GB/T 18354—2006）对叉车的定义，叉车是指具有各种叉具，能够对物品进行升降和移动以及装卸作业的搬运车辆。

2. 叉车的分类

（1）根据提升高度不同，可分为低提升叉车和高提升叉车。低提升叉车也叫托盘搬运叉车（见图 5–12），提升高度有限（提升高度 100~150 mm）。主要用于水平搬运。根据司机运行操作的不同又可分为步行式、踏板式和侧座式。

(a) 步行式　　　　(b) 踏板式　　　　(c) 侧座式

图 5–12　托盘搬运叉车

高提升叉车也称托盘堆垛叉车（见图 5–13），其主要特点是具有升降架，装卸装

置可以上下移动,存取高位货架内的物品,所以其具有堆垛作用。高提升叉车也分为步行式、踏板式和侧座式。

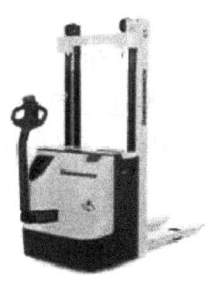  

(a)步行式　　　　　　　(b)踏板式　　　　　　　(c)侧座式

图 5-13　托盘堆垛叉车

(2)按照平衡方式不同,分为叉腿式叉车和平衡自重式叉车。

叉腿式叉车(见图 5-14)两条支腿位于叉车前端跨于底部,支腿下有很小的轮子。支腿能与货叉一起伸到货物底部,然后货叉提升货物,利用支腿支撑平衡,承载负载。叉腿式叉车的特点是车身比较轻巧,转弯半径也相应较小。

图 5-14　叉腿式叉车　　　　**图 5-15　手动托盘搬运车**

手动托盘搬运车(见图 5-15)也是叉腿式叉车的一种,它是一种小巧方便、使用灵活、载质量大、结实耐用的货物搬运工具,俗称"地牛",在使用时将其承载的货叉插入托盘孔内,由人力驱动液压系统来实现托盘货物的起升和下降。

平衡自重式叉车(见图 5-16)为平衡叉车前部的荷载,在车体尾部设有平衡重。车身尺寸与重量都很大,需要较大的作业空间。底盘较高,使用橡胶胎或充气胎,使其具有很强的爬坡

图 5-16　平衡自重式叉车

能力与地面适应能力，普遍用于装卸货及室外搬运。

（3）按照货叉特点不同，分为前移式叉车、侧面式叉车和三向堆垛叉车。

前移式叉车（见图5-17（a））是门架或货叉可以前后移动的叉车，分为门架前移式和货叉前移式。

侧面式叉车（见图5-17（b））是货叉和门架位于车体侧面的装卸作业车辆，在不转弯的情况下，具有直接从侧面叉取货物的能力，因此可以运行于窄通道货架。

三向堆垛叉车（见图5-17（c））最主要的特点是叉车不需要转向，货叉可作三向旋转，可以实现两侧的货物堆垛和取货。这样作业通道就可大大减少，提高了面积利用率。

（a） 前移式叉车　　　　　（b） 侧面式叉车　　　　　（c） 三向堆垛叉车

图5-17　叉车按货叉特点分类

三、货架

1. 货架的定义

根据国家标准《物流术语》（GB/T 18354—2006）中对货架的定义，货架是用立柱、隔板或横梁等组成的立体储存物品的设施。

2. 常见的货架类型

（1）横梁式货架。横梁式货架（见图5-18）是最普遍的一种货架，它能提供100%的存取性，并且有很好的拣去效率，但这种货架的存取密度低，需要较多的巷道，费用经济，出入库不受物品先后顺序限制。可任意调整组合，安全简易。

（a）　　　　　　　　　　　　　　（b）

图5-18　横梁式货架

（2）重力式货架。重力式货架（见图 5-19）的特点是利用一边巷道作为存放，另一边巷道作为取货。滚筒线按一定角度倾斜固定在横梁上，托盘从高处放下，利用自身重力沿滚筒线方向下滑。重力式货架的储存密度很好，但成本很大，适合品种少、数量多、高频率的应用。

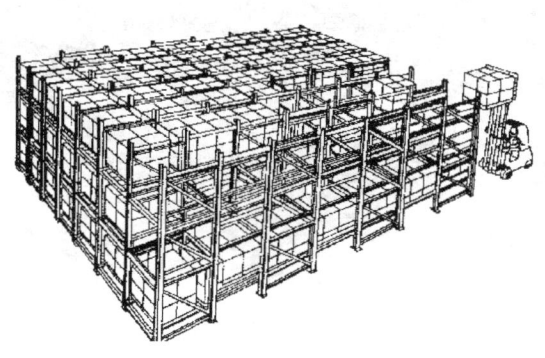

图 5-19　重力式货架

（3）驶入式货架。驶入式货架（见图 5-20）又称贯通式货架或通廊式货架，是一种不以通道分割的、连续性的整体货架，托盘按深度方向上存取，这使得驶入式货架的存储密度高，货物从货架的同一侧进出，叉车可方便地驶入货架中间存取货物。驶入式货架的投资成本较低，适用于横向尺寸较大、品种少、数量多的情况。

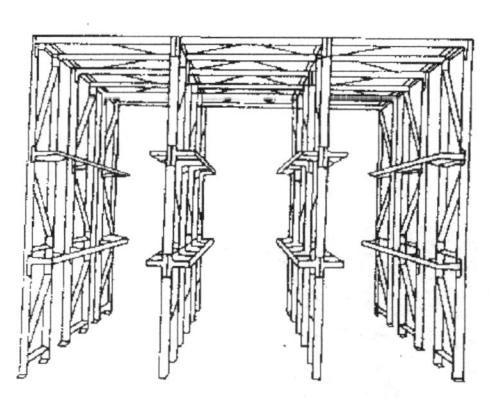 

(a)　　　　　　　　　　　　　　(b)

图 5-20　驶入式货架

（4）阁楼式货架。阁楼式货架（见图 5-21）是利用钢梁和金属板将原有储区做楼层区分，每个楼层可以放置不同的种类和货架，而货架结构具有支撑上层楼板的作用。阁楼式货架有利于提高仓储高度、增加空间使用率，但上层仅限于轻量货物存放，不适合重量型设备行走。

图 5-21 阁楼式货架

任务三 仓储机器人

随着电子商务的蓬勃发展，物流业务量激增，用户对物流发货的速度要求越来越高，机器人作为提高作业效率的利器，受到了国内外电商和物流巨头的青睐。这里介绍两种具有代表性的仓储机器人。

一、Amazon 的 Kiva 机器人

亚马逊（Amazon）在 2012 年收购了 Kiva Systems 后，已经在其全美的仓库中部署了 1.5 万台机器人，每年节约成本将近 10 亿美元。Kiva 机器人如图 5-22 所示。

图 5-22 Kiva 机器人

与传统的"人到货"的拣货方式不同，Amazon 采用"货到人"的拣货方式，即所有员工只需要在固定的位置进行拣货，Kiva 机器人拣取了正确的货物（连同货架）后，它们会排着队来到拣货员面前，待拣货员拿走物品后，Kiva 机器人又会将货架放回原处。这样做有两大好处：首先是用机器人搬货架不需要再另外空出人行通道，因此货物可以更紧密地摆放在一起，空出的空间可以存放更多的货物；其次可以节约员工往返货架与取货的时间，提高订单的处理速度。在使用 Kiva 机器人系统之前，Amazon 物流中心单个订单从拣货到发货平均需要 1.5 小时，而使用 Kiva 机器人系统后，仅需 15 分钟就能完成整个过程。

二、Swisslog 的 Autostore 系统

瑞仕格（Swisslog）是一家总部位于瑞士的自动化仓库和配送物流解决方案提供商。Autostore 系统（见图 5-23）采用的是一种三维的立方体网格架系统，每个立方体内有一个标准尺寸的料箱装着特定货物，料箱一个个叠放在立式货格内，机器人可以将料箱自动送到拣选站台。如果装着所需货物的料箱埋在别的料箱下面，机器人会把上面的料箱拿起来堆在旁边，拿到货物后再放好。

图 5-23　Autostore 系统

由于取消了通道，而且料箱紧密摆放，Autostore 系统可以提高 60% 的空间利用率。此外，Autostore 系统也采用了"货到人"的拣货方式，机器人可以将任何一个料箱送到任何一个拣货台。Autostore 系统一小时能处理一千张订单，速度是人类作业的 4~5 倍。

从以上两个例子不难看出，"货到人"的拣货方式将成为仓储发展的趋势。仓储机器人的应用大幅度提高了作业效率，减少了人员的使用，并降低了人员作业的差错率，但由于投资成本较高，尚难以在物流行业全面推广应用。

任务四 认识仓库中的电子标签

在自动立体仓库中，与其他普通仓库不一样，一般都用电子标签显示库位。电子标签除了硬件本身可以利用按键组设定组件地址外，其分位特性，亦可透过软件设定该卷标的地址号码，以利于使用者更换组件时，能更快速与便利地设定好。因此，此软件的主要目的是让使用者在更换组件后，能够更快速地设定好组件应对应的地址，以利于系统正常运作。下面以 Cable-less 系列之电子卷标讲解。

一、标签的硬件系统

电子卷标系统主控计算机与外接控制器，以 ethernet 为主要网络架构，采用 TCP/IP 通信协议，传输速度可达 10/100 Mbps。

在 Window 95/98/2000/NT 操作系统下，一部个人计算机依闲置可用的 IP 数来决定可接多少电子卷标系统组件，系统架构中每一个 TCP/IP 控制器可连接约 120 个电子组件（含电子卷标、显示器、完成器等），如图 5-24 所示。

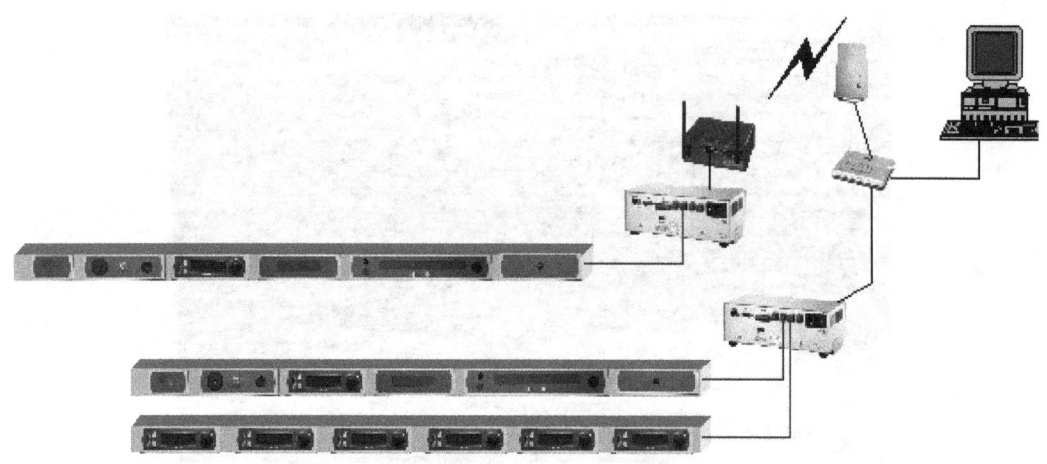

图 5-24 标签硬件系统

LCD 显示设备介绍如下。

（1）五位数电子卷标（见图 5-25）：在标签的面板设计上，除了灯号与按键外，尚有一可显示数字的 5 位数 LCD 显示设计。可利用卷标的按键组来设定硬件对应的地址（采用 10 进位）。

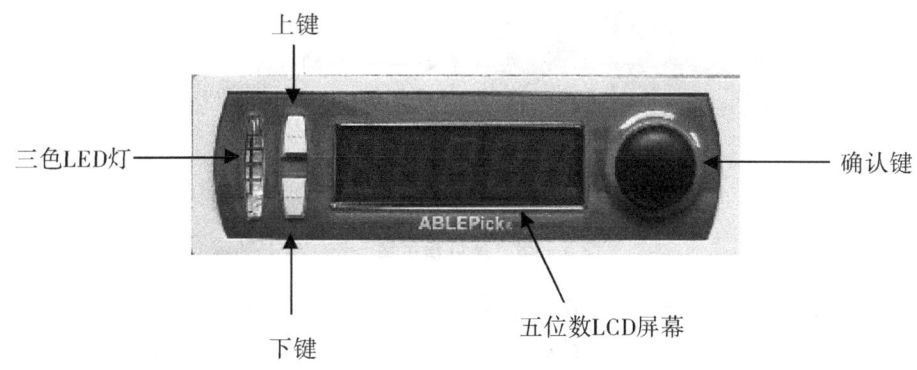

图 5-25　五位数显示设备

（2）六位数显示器（见图 5-26）：卷标上有 6 位 7-segment 的 LCD 显示，此组件的作用是当作订单显示器。由于面板上没有按键可以调整地址，需透过软件以及组件的小确认键来设定地址。

图 5-26　六位数显示设备

（3）十二位数显示器（见图 5-27）：在标签的面板设计上，除了灯号与按键外，尚有一可显示数字或是英文字母的 12 位数 LCD 显示设计，以及一蜂鸣器。可利用卷标的按键组来设定硬件对应的地址（采用 10 进位）。

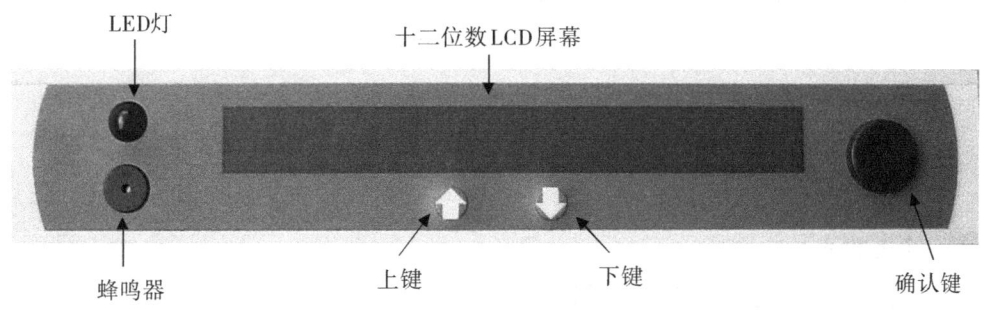

图 5-27　十二位数显示设备

（4）黄灯指示器（见图 5-28）：该种组件只有灯号显示。由于没有按键组以及显示的屏幕，需透过软件以及组件的小确认键来设定地址。

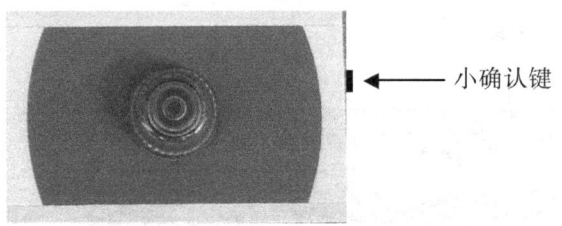

图 5-28 黄灯指示器

（5）完成器（见图 5-29）：卷标上除了灯号与按键的设计外，尚有一蜂鸣器。由于没有按键组以及显示的屏幕，所以需透过软件以及组件的确认键来设定地址。

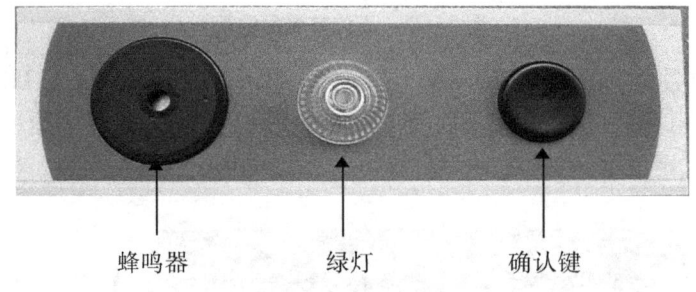

图 5-29 完成器

（6）RS232/485 转换器（见图 5-30）：面板上有一红色小灯号，由于没有按键组以及显示的屏幕，需透过软件以及组件的小确认键来设定地址。

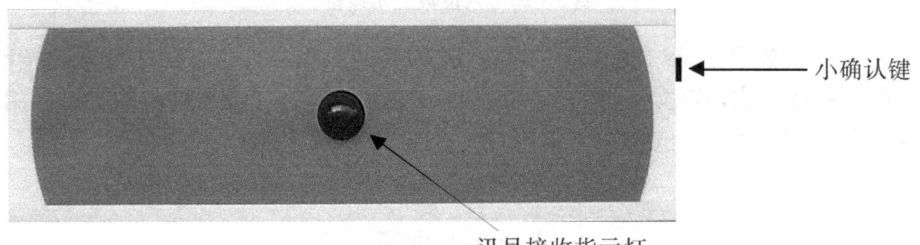

图 5-30 RS232/485 转换器

二、硬件设定操作介绍

1. 检查模式

卷标本身地址与欲检查组件的地址作切换显示。

（1）当启动检查模式之初，所有可以显示数字的卷标组件，皆会以显示地址模式与检查模式切换显示其实际地址。

（2）当按下任一组件确认键后，所有可以显示数字的卷标组件，皆会以显示地址模式显示本身地址与检查模式显示被按下卷标组件的地址。如图 5-31 所示。

当按下某一组件确认键后,所有卷标的切换显示部分皆会显示该组件的地址。

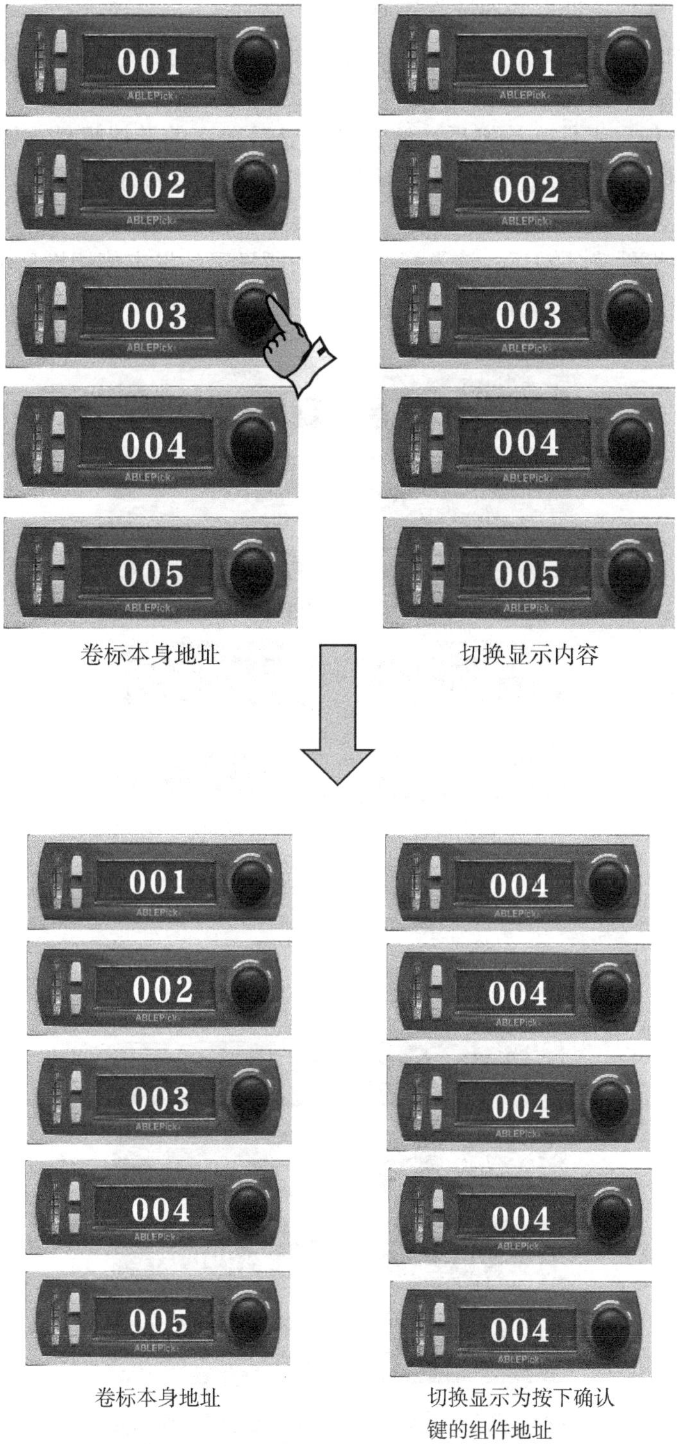

卷标本身地址　　　　　切换显示内容

卷标本身地址　　　　　切换显示为按下确认
　　　　　　　　　　　键的组件地址

图 5-31　检查模式

2. 设定模式

卷标本身地址与欲设定的地址作切换显示。

（1）当启动设定模式之初，所有可以显示数字的卷标组件，皆会以显示地址模式与设定模式切换显示其实际地址。

（2）当按下任一组件确认键后，所有可以显示数字的卷标组件，皆会以显示地址模式显示本身地址与按下卷标组件的地址+1的数字以设定模式显示。如图5-32所示。

当按下某一组件确认键后，该卷标会设定为所显示的设定值切换显示部分，所有卷标会显示按下确认键的设定值加1。

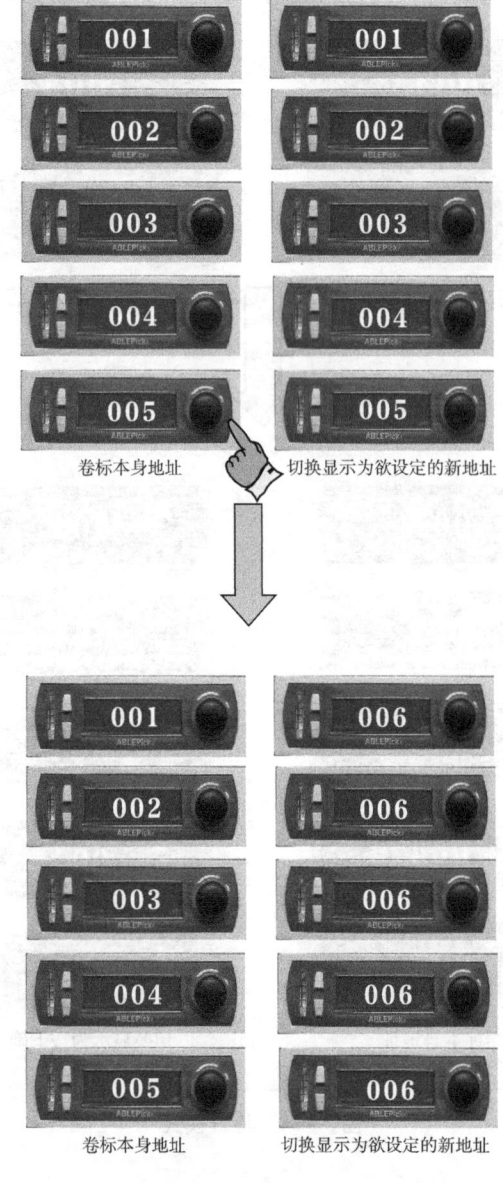

图 5-32

（3）当按下五位数标签的上键后，所有可以显示数字的卷标组件，皆会以显示地址模式显示本身地址与目前欲设定的卷标地址 +1 的数字以设定模式显示。如图 5 – 33 所示。

当按下某一组件的上键后，所有卷标皆会显示本身地址与目前所按组件欲设定的地址 +1 的数字切换显示。

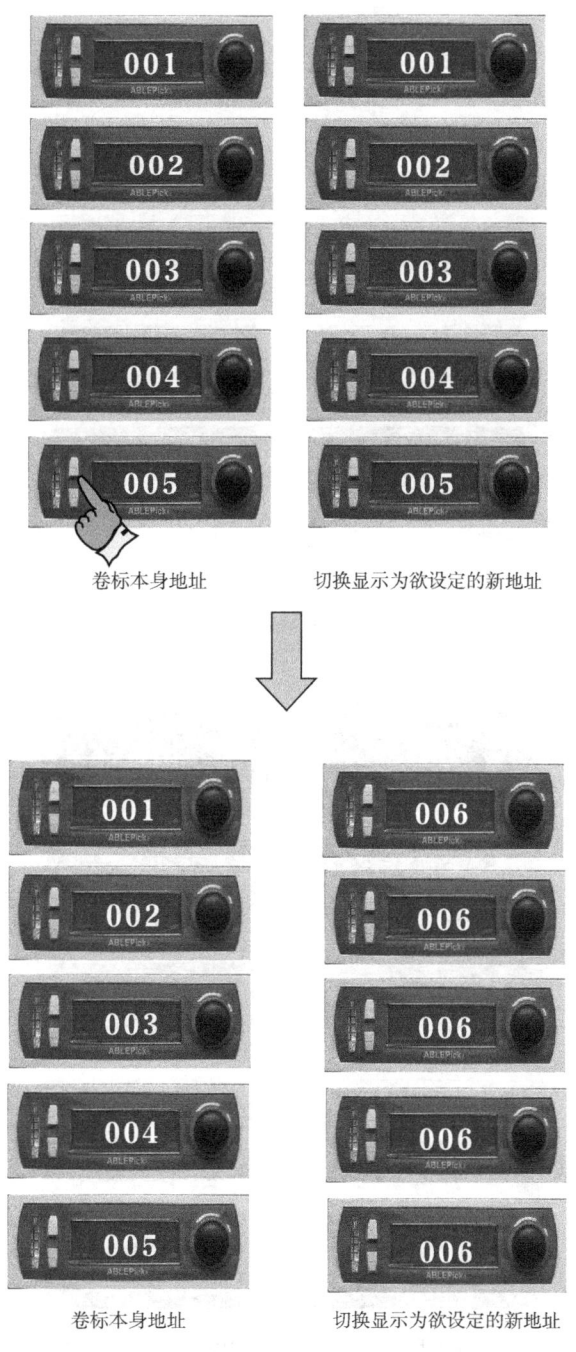

图 5 – 33

（4）当按下五位数标签下键后，所有可以显示数字的卷标组件，皆会以显示地址模式显示本身地址与目前欲设定的卷标地址 – 1 的数字以设定模式显示。如图 5 – 34 所示。

当按下某一组件的下键后，所有卷标皆会显示本身地址与目前所按组件欲设的地址 – 1 的数字切换显示。

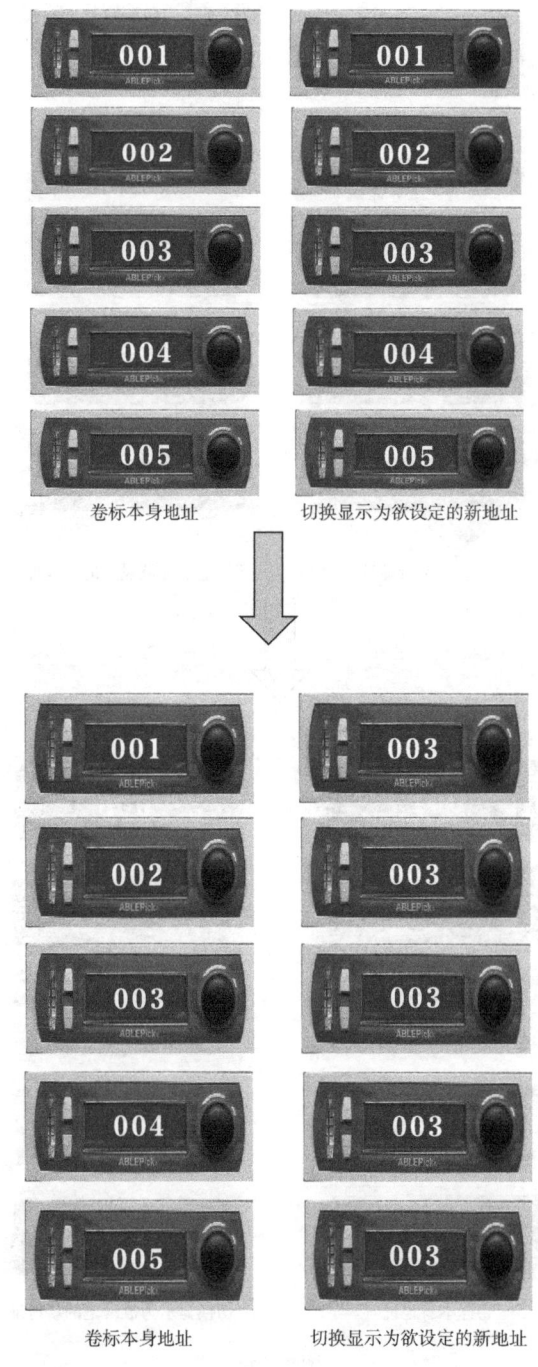

图 5 – 34

三、库位地址设定软件使用说明

Cable-less 硬件地址设定软件，本软件是用 Visual Foxpro 作为开发工具，工作平台为 Windows 系列。针对该种标签的特性，我们开发了此功能软件以方便使用者更换卷标时进行设定。以下将详细介绍此功能软件的使用方法。

1. 使用步骤

（1）执行系统。

（2）与控制器联机。

（3）选择设定模式。

（4）按下功能按钮，系统点亮卷标，人员进行相关作业。

（5）各项作业完成后，熄灭卷标灯号。

（6）结束系统。

2. 软件说明

（1）执行 ait（tcpip）.exe。进入主画面（起始为卷标位置设定模式），如图 5-35 所示。

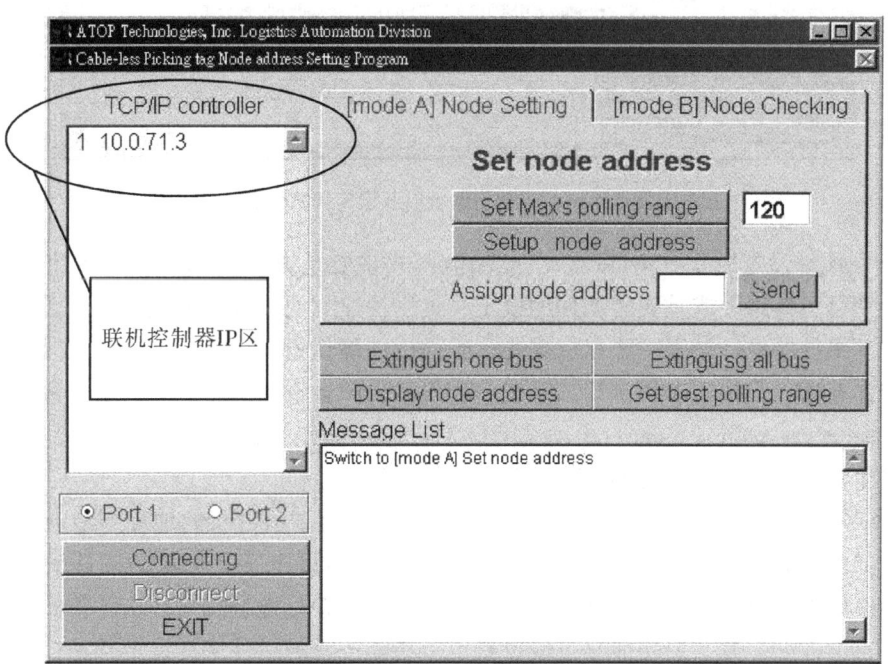

图 5-35 硬件地址设定系统主画面

图 5-35 左方区域为控制器联机 IP 选择区域与联机离线功能按钮。右方区域为地址设定模式与地址检查模式相关功能按钮，以及所有执行动作讯息。

（2）连接控制器。执行任何作业前，须先与控制器联机。按下"Connecting"按钮，系统会与联机设定档中的所有控制器联机，联机成功后，会出现如图 5-36 所示的画面，联机控制 IP 区会出现"OK"的状态，消息框区会出现联机成功（Connecting OK）的讯息。系统会自动侦测联机控制器所连接的标签共有多少，并自动设定最佳的轮询范围。之后即可进行地址设定（mode A）与检查模式（mode B）相关功能操作。若联机失败，联机控制 IP 区会出现"FAIL"的状态，消息框区也会出现联机失败（Connecting Fail）的讯息。

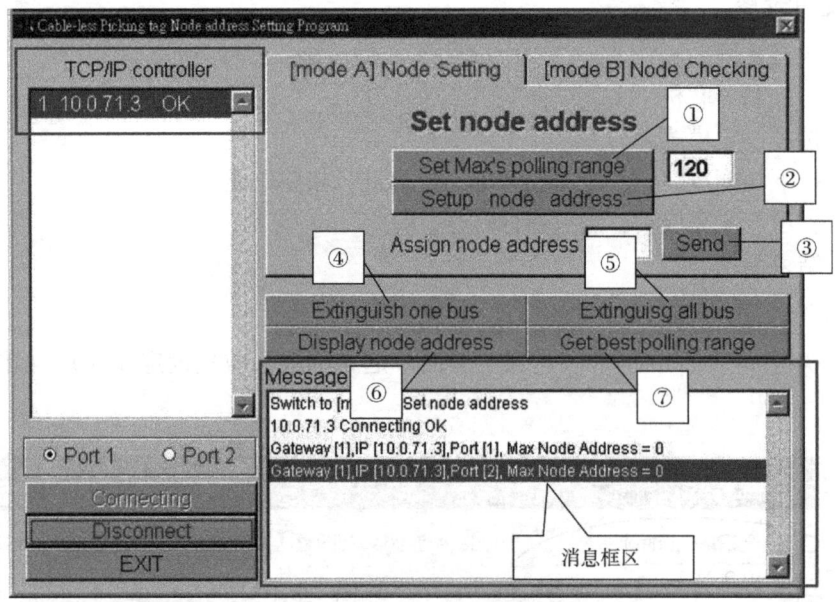

图 5-36　控制器联机以及设定模式画面

（3）地址设定模式（mode A）。此功能模式主要是方便使用者设定各个组件的地址，特别是更换组件或是安装初期的设定，提供快速方便的设定方式让使用者简单地完成设定。组件的地址设定主要是依据各个组件上的确认键（不管是面板上或是隐藏的）来进行作业的，当按下确认键后，系统收到讯息，即会将该组件的地址设定进去。

①Set Max's polling range：手动设定最大的轮询范围，输入完毕后，再按下该按钮，系统将轮询范围设定值改为输入值。

②Setup node address：进行卷标地址设定，卷标会显示自我的地址与最新的设定地址（起始为与自身卷标的地址相同）作切换显示，当按下某一标签的确认键，则表示将该卷标的地址设定为最新卷标地址，系统会将最新卷标地址加 1，并且卷标显示的切换数字也会改变。其主要功能是方便没有上下功能按钮的组件快速设定其地址。

③Assign node address：指定目前正要进行设定的卷标地址数字，输入完毕后，再按下"Send"即可。

④Extinguish one bus：熄灭指定控制器的单一 port 卷标组件讯号。

⑤Extinguish all bus：熄灭所有控制器的卷标组件讯号。

⑥Display node address：显示各个卷标组件地址。

⑦Get best polling range：设定最佳轮询范围。

(4) 地址检查模式（mode B），如图 5-37 所示。此功能模式主要是提供使用者检查各个组件的地址设定是否正确，特别是更换组件后。

①Check node address：检查各个卷标地址设定是否正确，特别是没有 led 显示屏幕的组件，按下其确认键，可透过别的卷标作为其显示屏幕。各个卷标会切换显示本身卷标地址与按下确认键之卷标地址。

②Extinguish one bus：熄灭指定控制器的单一 port 卷标组件讯号。

③Extinguish all bus：熄灭所有控制器的卷标组件讯号。

④Display node address：显示各卷标组件地址。

⑤Get best polling range：设定最佳轮询范围。

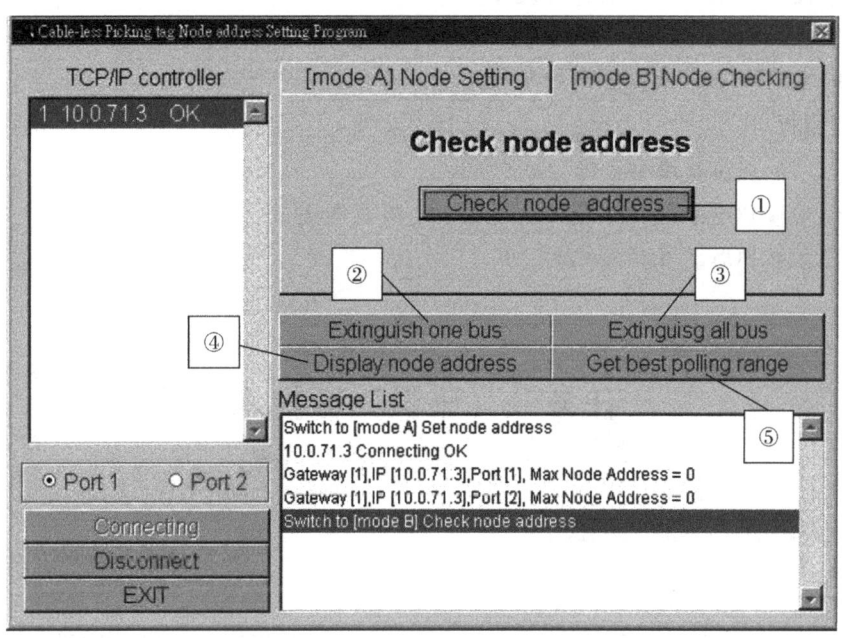

图 5-37 检查模式画面

思考题

1. 简述立库的分类以及各自的特点。
2. 简述托盘的分类以及不同托盘的优缺点。
3. 简述货架的分类以及不同货架的优缺点。
4. 简述叉车的分类以及不同叉车的优缺点。

项目六　销售终端

学习目标

知识目标

1. 认识 POS 机的基础知识与原理。
2. 掌握 POS 机的基本操作与设计。
3. 掌握 POS 机一次典型销售的操作。
4. 熟悉 POS 系统在销售中的应用。

技能目标

1. 能了解 POS 机的原理与流程。
2. 能掌握 POS 机硬件、软件的安装、使用与调试。
3. 能掌握 POS 机在销售中的应用。

任务一　认识 POS 技术

一、POS 系统概念与组成

1. POS 系统的概念

POS（point of sales）系统即销售时点信息系统，是指通过自动读取设备（如收银机）在销售商品时直接读取商品销售信息（如商品名、单价、销售数量、销售时间、销售店铺、购买顾客等），并通过通信网络和计算机系统传送至有关部门进行分析加工以提高经营效率的系统。POS 系统最早应用于零售业，以后逐渐扩展至其他如金融、旅馆等服务行业，利用 POS 系统的范围也从企业内部扩展到整个供应链。

POS 系统有两种类型，一类是上述我们所说的商业 POS 系统，包含有前台 POS 系统和后台管理信息系统（management information system，MIS）两大基本部分；另一类是指金融 POS，他是由银行设置在商业网点或特约商户的信用卡授权终端和银行计算机系统通过公用数据交换网联机构成的电子转账服务系统。

我们本书主要介绍商业 POS 系统。前台 POS 系统，主要负责销售点的销售和销售数据的采集，其工作基础为商品条形码和 POS 收银机。后台 MIS 主要负责超市日常经营业务的管理、超市自身机构及人员的管理等，并为管理者提供决策依据，其技术基础为计算机技术及数据库技术。

前台 POS 系统是为后台 MIS 采集数据的，后台 MIS 依据前台 POS 系统实时采集的数据进行计算、分析和汇总，可以控制进货数量、合理周转资金，还可以统计各种销售报表，并且对收银员业绩进行考核。因此，前台 POS 系统和后台 MIS 是密切相关的。

2．POS 系统组成及特点

（1）前台 POS 系统。前台 POS 系统（见图 6-1）是指通过收银机，在销售商品时直接读取商品销售信息，实现前台销售业务的自动化，对商品交易进行实时服务和管理，并通过通信网络和计算机系统传送至后台，通过后台 MIS 对交易信息进行储存、汇总、统计与分析，获得商品销售的各项信息，为管理者分析经营成果、制订计划提供依据。

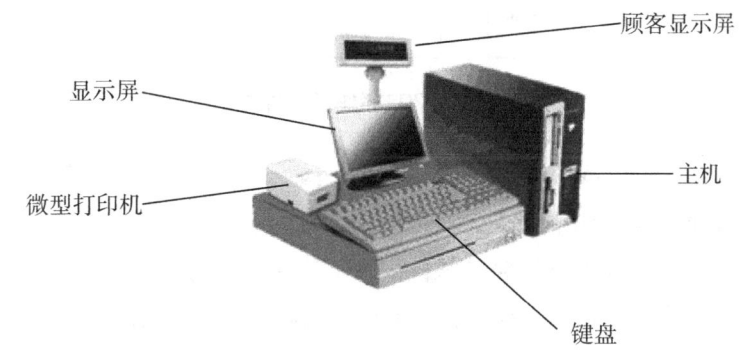

图 6-1　前台 POS 系统

（2）后台 MIS。后台 MIS 包括计算机和相应的管理软件。MIS 负责全部商品的进、销、存管理以及财务管理、考勤管理等。它可根据商品进货信息对厂商进行管理，又可根据前台 POS 系统提供的销售数据，控制进货数量，优化库存。通过后台计算机系统计算、分析和汇总商品销售的相关信息，为企业管理部门和管理人员的决策提供依据。

二、POS 系统的结构和运行

1．POS 系统的硬件结构

POS 系统硬件主要包括收款机、扫描器、显示器、打印机、微机和硬件平台等。如图 6-2 所示。

前台收款机即 POS 机，可采用具有顾客显示屏和票据打印机、条码扫描仪的机型。

商业企业规模经营靠的是计算机网络，没有网络企业经营者就无法掌握动态信息，就无法进行有效的控制，更无法做出正确的决策。

在日常经营中，前台收款机在完成交易后需要通过网络将数据传送到后台去处理；顾客使用信用卡在结算支付时，也要经过 POS 机进行刷卡并通过网络与金融银行连通完成转账划账；采购部门通过网络可以很方便地与生产厂商或批发商进行电子订货（EOS）；业务部门甚至可以通过网络以 EDI 电子数据交换方式，与国内外贸易公司进行贸易活动；商业企业通过计算机网络与外部信息系统相连，可以随时掌握顾客信息、商品信息、物价信息，从而为企业的经营管理提供完整的决策依据。

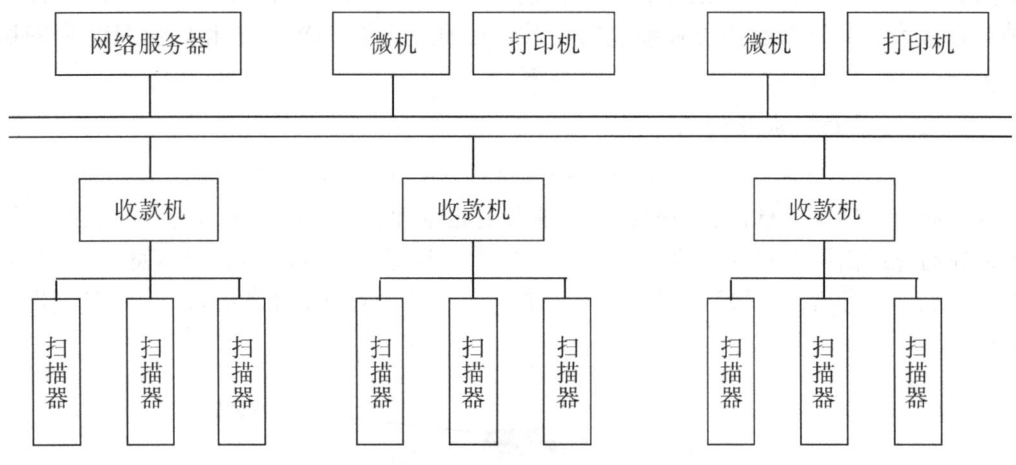

图 6-2 POS 系统硬件结构

2. POS 系统的软件结构

（1）前台 POS 系统的功能。

①售货收款。日常的销售收款工作，记录每笔交易的时间、商品、数量、金额等，采用条码扫描方式进行销售输入操作，如果出现条码无法识读情况则应辅以手工输入方式完成销售输入操作。

②售货结算。收银员交接班时收款的结算或是全天的销售情况。可以计算本次交班时的现金及销售情况，也可以统计收银机全天的销售金额以及各收银员的销售金额。

③退货退款。记录退货时的商品种类、数量和金额等情况。

④各种付款。可以支持各种付款方式如现金、信用卡、商场储值卡等，满足不同顾客的要求。

⑤及时纠错。在销售过程中出现错误能够立即修正，保证数据的准确性。

（2）后台 MIS 功能。后台 MIS 的主要功能有商品入库管理、商品销售管理、商品调价管理、单据票证管理、报表打印管理、统计分析功能、数据维护管理。如图 6-3 所示。

3. POS 系统的运行步骤

POS 系统基本作业原理是先将商品资料建于电脑数据库中，前台操作时扫描商品上的条码，得到商品的编号，通过电脑与收银机的网络线，读取电脑数据库中的商品详细信息（商品名称、价格等），同时销售操作完成后，每笔销售记录传回电脑数据库中，作为各种销售统计分析的基础数据。具体运行步骤如下：

（1）条形码识别：收银员使用扫描器读取商品条形码。

（2）消费金额和总价确认：计算顾客购买商品数量及总金额。

（3）信用卡刷卡（现金付款）：卡支付。

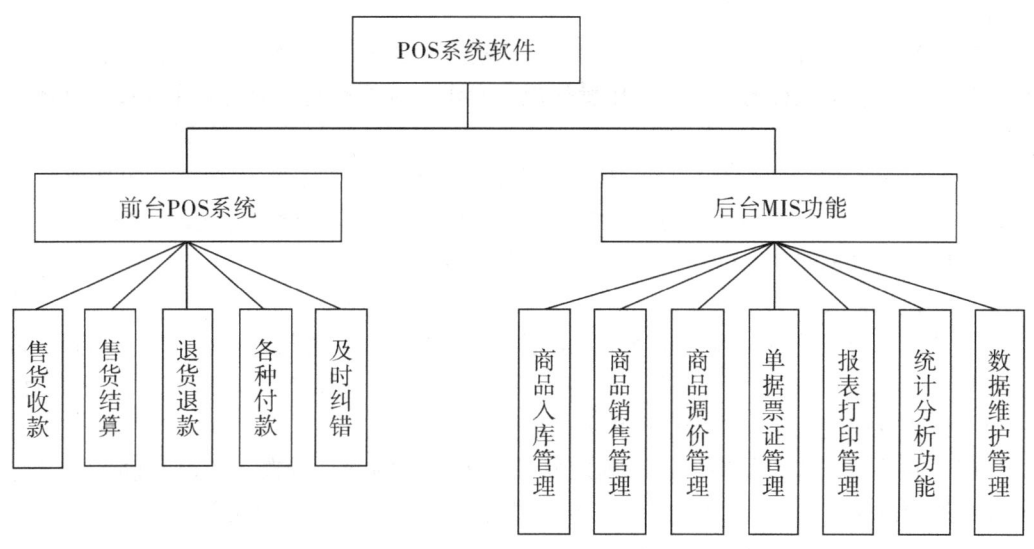

图 6-3　POS 系统软件结构功能

（4）输入密码。

（5）建立数据传输。

（6）打印凭条：打印出顾客购买清单和付款总金额。

（7）信息回流后台数据库。

（8）信息反馈后，做出相应的调整：通过对销售试点信息进行加工分析来掌握消费者购买信息的共享，对商品品种、陈列和价格等进行调整。

（9）信息管理，制订计划。

三、POS 系统的应用与效益分析

1. POS 系统的应用

POS 系统对商品流转业务的管理主要体现在：通过核算员、收银员在流转的各个环节，将必要的票据登录到 POS 系统中去。所登录的数据主要有商品的单价、数量及金额等相关指标。

对于商品流转各个环节以及与商场管理密切相关的人为活动，如商品部的哪些人具有采购权，哪些人可以和厂家谈判签订合同等，POS 系统不能进行控制和管理。

商品进、销、调、存各环节涉及的主要终端操作人员有：进货环节的商品库核算员、仓库核算员；销售环节的 POS 系统终端收银员；调拨环节的商品部核算员；仓储环节的商品部核算员、仓库核算员。

这些终端操作人员主要分为核算员和收银员，对这两类人员的要求不同。对核算员的要求是要熟悉商品流转业务，有一定的计算机和财务知识。严格执行商场管理规程及操作规程，充分理解商品流转各环节的票据含义；对收银员的要求是责任心强，对收款机操作熟练迅捷，能够处理一些简单的销售业务问题，如收款方式、付款方式、币种识别等。

在POS系统应用过程中，要使POS系统发挥其功效，在系统工作的各个流程，工作人员都应熟悉本流程的工作，并按操作规程操作。对于各流程中的工作人员，具体事项如下。

（1）商品编码、定价和登录。工作人员要了解和确定商品编码规范，包括商品店内码、商品条形码；了解和确定商品的进价、售价、调价等定价的方式；了解和确定商品定价单、调价单的单据格式及使用规范，并能进行相关操作。

（2）进货。工作人员要了解和确定商品的到货情况及处理流程。一般商品到货分为全部进仓、全部进柜、部分进仓部分进柜三种情况。每种情况又有货单与货同到、货到单未到、单到货未到三种状态；了解和确定验收单、进账单（货到单未到时使用）的单据格式及使用规范，并能进行相关操作。

（3）调拨。工作人员要了解和确定商品部内发生的商品调拨；了解和确定商品部间发生的商品调拨；了解和确定调拨单的单据格式、使用规范，并能进行相关操作。

（4）退货及换货。工作人员要了解和确定商品退货的过程；了解和确定商品换货的过程；了解和确定退货、换货验收单的单据格式和使用规范，并能进行相关操作。

（5）仓储。工作人员要了解和确定商品的移仓（支货）的过程；了解和确定商品的移仓（退仓）的过程；了解和确定商品的提货及退仓的过程；了解和确定移仓单的单据格式、使用规范，并能进行相关操作。

（6）零售。工作人员要了解和确定商品零售的过程；了解和确定收款单、借款单的单据格式及使用规范，并能进行相关操作。

（7）报损、报溢、报废。工作人员要了解和确定商品的报损、报溢过程；了解和确定商品溢耗损报核单、财产损益审批单的单据格式及使用规范，并能进行相关操作。

（8）盘点。工作人员要了解和确定商品盘点过程；了解和确定盘点表格式及使用规范，并能进行相关操作。

（9）进货退补价。工作人员要了解和确定进货后，发生退补价时的处理流程；了解和确定进货退补价单的单据格式及使用规范，并能进行相关操作。

此外还需要相关人员对POS系统进行日常维护与异常处理，系统管理员和数据库管理员应定期进行主机系统的数据备份和数据清理工作，以避免有用信息的丢失以及非相关冗余和相关冗余信息占用有效空间。

2．POS的效益分析

商业POS系统的实现可以节约原来用于手写、保管各种单据的人工成本和时间成本；简化了操作流程，提高基层员工的工作效率和积极性；提高工作人员工作的正确性，省略了手工核对的工作量；使各级主管从繁重的传统式经营管理中解脱出来，并且有更多的时间从事管理工作，工作重心逐渐转到管理上来，进一步提高工作效率；采购人员利用查询和报表，更直接、有效地获得商品情况，了解到商品是否畅销和滞销；销售人员根据商品的销售情况进行分析，以进行下一次的销售计划；财务人员能更加清楚地了解库存情况、账款余额、毛利贡献等财务数据，通过更好地控制成本和费用，提高资金周转率；管理者把握住商品的进销存动态，对企业各种资源的流转进行更好的控制和发展。

以下我们从系统总体和作业流程层面进行效益分析。

（1）POS 系统的效果。从作业水平、门店营运水平以及企业经营管理水平对总体的效果进行分析应用 POS 系统后的效果，如表 6-1 所示。

表 6-1　应用 POS 系统的效果

项　　目		效　　果
作业水平	收银业务的省力化	商品检查时间缩短
		高峰时间的收银作业变得容易
		输入商品数据的出错率大大减低
		员工培训教育时间缩短
		核算购买金额的时间大大缩短
		店铺内的票据数量减少
		现代管理合理化
	数据收集能力大大提高	信息发生时点收集
		信息的信赖性强化
		数据收集的省略化、迅速化和实时化
门店营运水平	门店作业的合理化	提高收银台的管理水平
		贴商品标签和价格标签简单化
		改变价格标签的作业迅速化和实时化
		销售额和现金额随时把握，检查输入数据作业简便化
	门店营运的效率化	能把握库存水平
		人员配置效率化、作业指南明确化
		销售目标的实现程度变得容易测定，容易实行时间段减价
		销售报告容易做成
		能把握畅销商品和滞销商品的信息
		货架商品陈列、布置合理化
		能发现不良库存品
		对特殊商品进行单品管理成为可能

续上表

项 目		效 果
企业经营管理水平	提高资本周转率	可提前避免出现缺货现象
		库存水平合理化
		商品周转率提高
	商品计划的效率化	销售促进方法的效果分析
		把握顾客购买动向
		按商品品种进行利益管理
		基于销售水平制订采购计划
		有效的店铺空间管理
		基于时间段的广告促销活动
		分析企业经营管理水平

（2）POS系统对作业流程层面的影响。我们从工作流程的角度比较和分析POS系统导入前后对操作的影响，如表6-2所示。

表6-2 POS对作业流程的影响

项目	导入POS系统前	导入后的改进方式
前台收银作业	商品庞大且繁杂，无法掌握，人工录入账目，耗费时间且错误率高，容易发生弊端，收银员训练成本高，现金不易掌握	利用条形码分类管理，用扫描器输入，可降低收银作业错误，节省人工，且当人员流动时，训练新收银员容易，而智能型收款机与后台系统联机，可随时查询，掌握销售状况
销售管理	凭直觉或经验，判断商品销售高峰时段及价格区域，以及畅销品和滞销品；变价、促销、特价有赖人工处理；不易达成顾客购买倾向	前台销售数据传至后台系统，产生各类报表，通过计算机交叉分析，能更精确掌握销售实况
库存管理	难以掌握现有库存量及金额，采购人员依直觉进货和主观进货，造成存货积压而没有觉察	可通过计算机对进货情况一目了然，并可设定安全库存以达成自动采购效应，同时对于盘点或耗损亦可纳入计算机记录，可追踪查询呆滞品
上游商品情报	商品、供应商等各项信息由采购人员掌握，易产生弊端，供应商稽核不易	纳入后台管理，可随时查询送货时效、付款条件和供应商品等

（3）企业应用 POS 效益指标。企业应用商业 POS 系统后带来的效益，还可以从具体的效益指标中体现出来。在表 6-3 中我们列举信息面、管理面和企业内部稽核面上的效益指标进行说明。

表 6-3 企业应用 POS 效益指标

项目	效益指标	说明
信息面	购买动向分析； 消费者层次分析； 畅销品、滞销品分析	针对 POS 系统所收集数据进行分析，可以获悉消费者的购买动机、目标客户层、畅销品及滞销品等重要信息，以利于管理
管理面	商品的配置； 商品陈列的管理； 特卖、促销、变价管理； 盘点及进货管理	将 POS 系统所收集的各项数据作为商品陈列的参考，并可进行商品比率、结构调整，也可作为商品库存与订货的参考
内部稽核面	合理化作业； 防止舞弊； 简化收银作业； 减少人工输入	通过 POS 系统作业，推动商店作业合理化，建立制度并简化收银作业，防止员工舞弊，避免因人为疏忽而产生弊端

任务二 POS 机安装、操作与维护

一、POS 机的安装

一种简单、经济、实用型的 POS 机的安装方案有如下几项。

（1）百业通超市 POS 收银系统（单机版）+红外线扫描枪+POS58 热敏小票打印机。

（2）客户只需要自己买一台家庭普通计算机。把软件安装在该家庭普通计算机中，接上扫描枪和打印机就可以用来收银了，不需要安装驱动程序，不需要配置，接上后软件自动识别。支持商品条码扫描、超市小票据打印、顾客显示屏、自动控制钱箱，使用该系统可以方便地进行进、销、存及收银的管理。

该系统软件可以用在专业 POS 收款机上，也可以用在普通家庭计算机上，图 6-4 所示为普通计算机连接扫描枪。使用该系统，普通计算机还可以连接小票打印机、钱箱、顾客显示屏等 POS 外设。该系统既可以单机使用，也可以联网使用，特别适合在中小超市或门店使用，在满足日常使用需求的前提下，突出了操作简单的特点。扫描枪和键盘同时使用，互不影响工作。

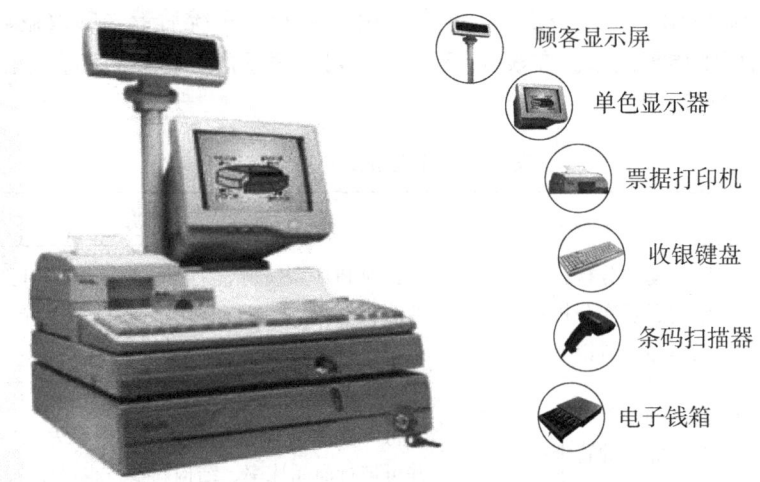

图 6-4 POS 机连接图

二、POS 收银机

1. POS 收银机的操作规程

（1）开机。打开收银机的电源开关，等待机器的启动，直到出现"员工登录"窗口。

（2）登录。在"员工登录"窗口，先输入正确的员工号，按【Enter】键，如果有此员工即可输入口令，输入口令后按【Enter】键，如果口令正确即可进入系统。

（3）退出。在"销售"窗口中，按【Enter】（或【1】）键表示"确认"，即退回到"员工登录"窗口，等待下一个员工登录。

（4）关机。如当前在"销售"窗口中，则先按（3）所述退出。如在"员工登录"窗口中，按【退出】键，屏幕上会出现两个询问窗口，按【Enter】（或【1】）键后表示"确认"，等待片刻，直到出现"现在您可以安全地关闭计算机了"字样即可关闭电源。

（5）输入交易明细。在"销售"窗口中，在明细"货号"栏中输入商品代码（可以采用条码扫描、键盘输入代码和热键三种方法）。如果没有此商品，则不显示该商品的名称等信息且光标停留在"货号"栏中；若存在此商品信息，则将显示出该商品的名称、单价等信息。在"数量"栏中输入销售数量，如果不输入数量默认为1。如要修改，则可以使用箭头键，将光标移动到需要修改的明细上，直接进行修改。如要购买此商品，按【开票】键即进入交易开票。

（6）交易开票。按照（5）所述，进入交易开票后，屏幕右上角第二行将显示当前交易的"应收"金额，在"预付"金额栏中输入顾客所付的金额数，按【Enter】键后显示出"应找"金额，再按下【开票】键，当前交易即完成。

（7）退货。在"销售"窗口中，按【退货】键即进入"退货"窗口。如果屏幕中间出现"经办人登录的窗口",则说明当前登录的员工没有"退货"权限。如果经办人登录成功则进入"退货"窗口。

(8)冲账。冲账就是对已经做过的交易产生一笔新的交易使之相互冲抵。在"销售"窗口中,按【冲账】键即进入"冲账"窗口。如果屏幕中间出现"经办人登录"的窗口,则说明当前登录的员工没有"冲账"权限。如果经办人登录成功则进入"冲账"窗口,选择某一笔交易,按【开票】键后进行冲账。

(9)修改口令。在"销售"窗口中,按【功能】【1】键,出现修改口令框。先输入旧的口令,如果正确就可以输入新的口令;输入新的口令;将新的口令再输一遍,前后口令必须一致。

2. POS 收银机的维护和保养

虽然不同的 POS 收银机的操作规程有所差异,但其在维护和保养方面的要求则是基本一致的。一般必须做到以下几个方面:

(1)应保持机器外表的整洁,不允许在机器上摆放物品,做到防水、防尘、防油。

(2)动作要轻,特别是在开启、关闭钱箱时要防止震动。

(3)电源线的连接应安全和固定,不能随意搬动机器和拆装内部器件。

(4)断电关机后,至少在一分钟后再开机,不能频繁开、关机,并经常检查打印色带和打印纸,及时更换色带和打印纸,保持打印机内部的清洁。

任务三 POS 系统应用实操

一、POS 系统前台销售

(1)登录。登录收银界面,如图 6-5 所示。

图 6-5 收银员登录界面

（2）扫描商品条码。进入销售界面后，光标会自动出现在左下角的"输入"【Enter】区域内，此时，用"条形码扫描枪"对准商品条码处扫描，显示器上将显示该商品的有关信息，如图6-6所示，表示销售了该商品。重复以上操作，直至完成此笔交易中的所有商品。

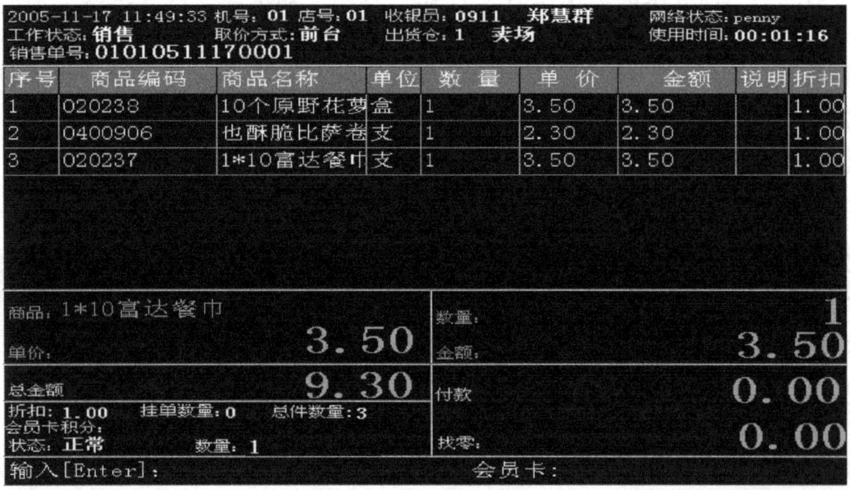

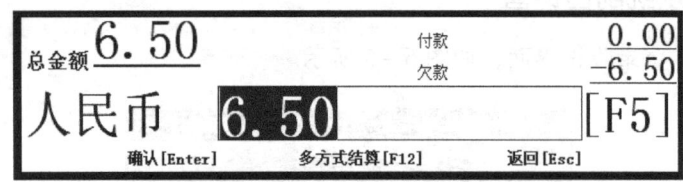

图6-6 扫描商品条码

（3）结账。按结账，出现结账提示框，如图6-7所示。在"人民币"输入框输入顾客付款额，按【Enter】接收，出现找零。确认输入的金额，再按【Enter】，钱箱会自动打开。若出现找零金额不为零，则按照找零框中显示的金额找回给顾客，然后关闭钱箱，这笔交易完成，进入下笔交易。

图6-7 现金结算

二、后台 MIS

登录后台管理信息系统进入主页面，该后台系统的主要功能包括采购管理、销售管理、库存管理、资金管理、收银台、报表中心、经营分析、图形分析和基础资料，如图6-8所示。以下我们将选取其中的某些功能进行操作。

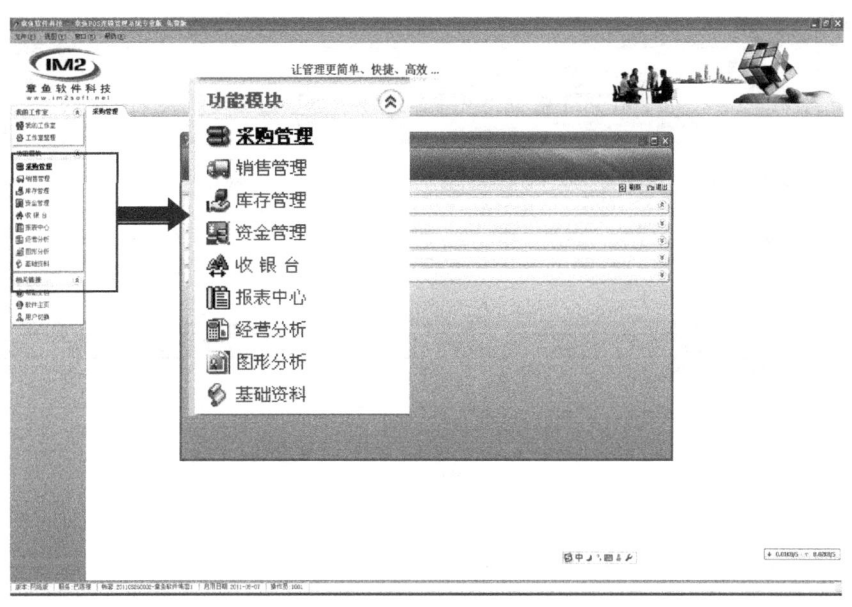

图6-8 后台MIS

(1)采购管理。采购管理主要是基础数据管理、采购业务、货品采购报表等。采购管理部分功能如图6-9所示,采购订单的填写如图6-10所示。

图6-9 采购管理功能

图6-10 采购订单填写

(2)库存管理。库存管理包含基础数据、库存业务、账面库存报表、实际库存报表等,如图6-11所示。

库存管理

数据字典
- 货品类别
- 货品资料

库存业务
- 仓库调拨
- 库存盘点
- 存货调价
- 其他库存变动

账面库存报表
- 账面库存汇总表
- 账面库存明细表

实际库存报表
- 实际库存数量汇总表
- 实际库存数量明细表

其他报表
- 货品货位表
- 库存报警明细表

图6-11 库存管理

（3）收银台管理。收银台管理主要包含基础数据管理、会员相关管理、收银台业务和收银台报表等，界面如图6-12所示，其数据来源是前台POS销售数据。

图6-12 收银台管理

（4）报表中心。报表中心汇总了企业运营的所有报表，可以对报表进行分析与查询，如图6-13所示。

图6-13 报表中心

（5）经营分析。经营分析主要是采购分析和销售分析，如图 6-14 所示。

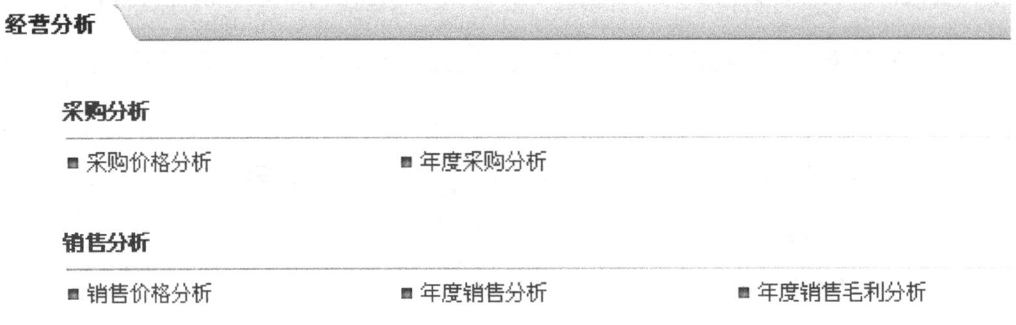

经营分析

采购分析
- 采购价格分析
- 年度采购分析

销售分析
- 销售价格分析
- 年度销售分析
- 年度销售毛利分析

图 6-14　经营分析

思考题

1. POS 机的主要组成有哪些？
2. POS 应用的效益是什么？
3. 简述 POS 软件与 ERP 系统的异同。

项目七　GIS 与 GPS 技术

学习目标

知识目标

1. 认识 GIS 与 GPS 的基础知识与原理。
2. 掌握 GIS 与 GPS 的基本操作与设计。
3. 掌握 GIS 与 GPS 一次典型查询的操作。
4. 熟悉 GIS 与 GPS 在物流中的应用。

技能目标

1. 能了解 GIS 与 GPS 的原理与流程。
2. 能掌握 GIS 与 GPS 硬件、软件的安装、使用与调试。
3. 能掌握 GIS 与 GPS 在物流中的应用。

任务一　认识地理信息系统（GIS）

一、GIS 的基本功能和特点

1. GIS 的定义

地理信息系统（geographic information system，GIS）是以采集、存储、管理、分析和描述整个或部分地球表面（包括大气层在内）与空间和地理分布有关数据的计算机空间信息系统。

2. GIS 的基本功能

GIS 具有采集、管理、分析并输出各种空间地理信息的能力，它的特点是具有空间性和动态性。

GIS 数据通常可以抽象为不同的层次或专题，包括土地利用、地形、人口与水文等。数据采集编辑功能就是保证各层实体的地物要素按层次顺序转化为 X、Y 坐标及对应的数据并转化输入到计算机。

3. GIS 数据存储与管理

数据库是进行数据存储与管理的技术。GIS 数据库是指特定区域内一定地理要素特征以某种组织方式存储在一起的相关数据的集合。GIS 数据库与行业紧密联系，具有数据量大、空间数据与属性数据的关系密不可分，并且空间数据之间具有显著的拓扑结构等特点，因此 GIS 数据库管理功能除了包含属性数据有关的数据库管理系统（data base management system，DBMS）功能之外，还能对空间数据进行管理，主要包括定义空间数据库、访问或提取数据、按空间位置条件检索空间物体及其属性、按属性条件检索空间物体及其位置、开窗和接边操作、数据更新和维护等。

4. 数据处理和变换

由于 GIS 涉及的数据类型的多样性，即使是同一种类型数据的质量也可能存在很大的差异，为了保证系统数据的规范和统一，GIS 使用数据处理功能来建立满足用户需求的数据文件。数据处理的任务和操作内容有以下几个方面。

（1）数据变换。对数据进行处理，从某种数学状态转换为另一种数学状态，包括投影变换、辐射纠正、比例尺缩放、误差改正并处理等。

（2）数据重构。对数据进行处理，从某种几何形态转换为另一种几何形态，包括数据拼接、数据截取、数据压缩、格式转换等。

（3）数据抽取。对数据进行处理，按条件提取从全集合到子集，包括类型选择、窗口提取、布尔提取和空间内插等。

5. 空间分析和统计

空间分析和统计功能主要是帮助确定地理要素之间新的空间关系，它是区别于其他类型系统的一个重要标志，并且为用户提供了灵活的解决各类专门问题的有效工具。

（1）拓扑叠加。可以将同一地区两个不同图层的特征相叠加。这样不仅能建立新的空间特征，而且能将输入的特征属性予以合并，处理后易于进行多条件的查询检索、地图裁剪、地图更新和应用模型分析等。

（2）缓冲区建立。可以根据数据库的点、线、面实体，自动建立各种类型要素的缓冲多边形，主要用以确定不同地理要素的空间接近度或邻近性。它是 GIS 十分重要的、基本的空间分析组成部分。例如，需要改造一个旧社区时，必须通知一定范围内的居民动迁；假如进行填海造田，则需要按照距海岸线的一定纵深范围来确定填海区，以防止影响生态建设等。

（3）数字地形分析。GIS 提供了构造高清晰度的数字模型及相关地形分析的功能模块，主要包括坡度、坡向、地表粗糙度、山谷线、山脊线、日照强度、库容量、表面积、立体图、剖面图和通视分析等，可以为地学研究、工程设计和辅助决策提供重要的基础性数据。

（4）空间集合分析。所谓空间集合分析就是按照两个逻辑子集给定的条件进行布尔逻辑运算。

二、GIS 软件的基本操作方法

以 Google Earth 为例来介绍 GIS 软件的操作方法。

（1）启动软件的界面，如图 7-1 所示。

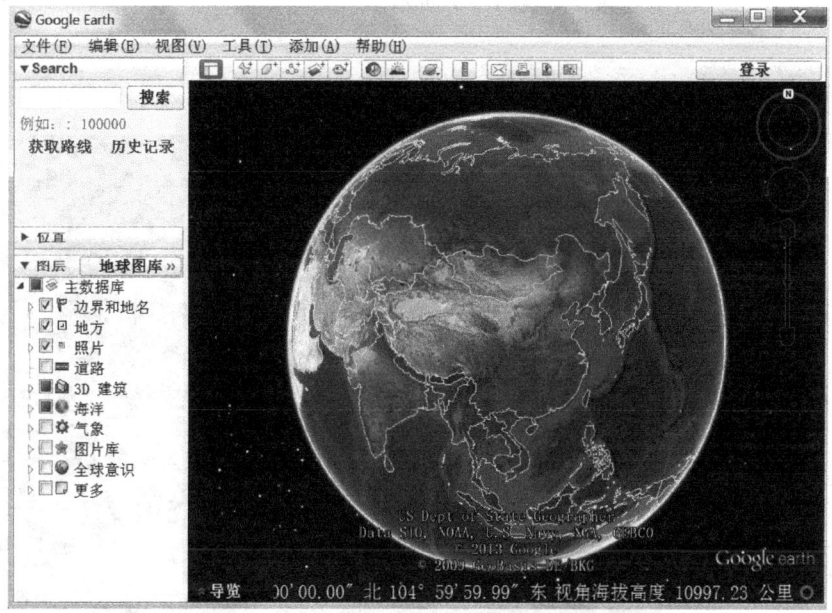

图 7-1 Google Earth 启动后的初始界面

（2）工具菜单的使用方法，如图 7-2 所示。

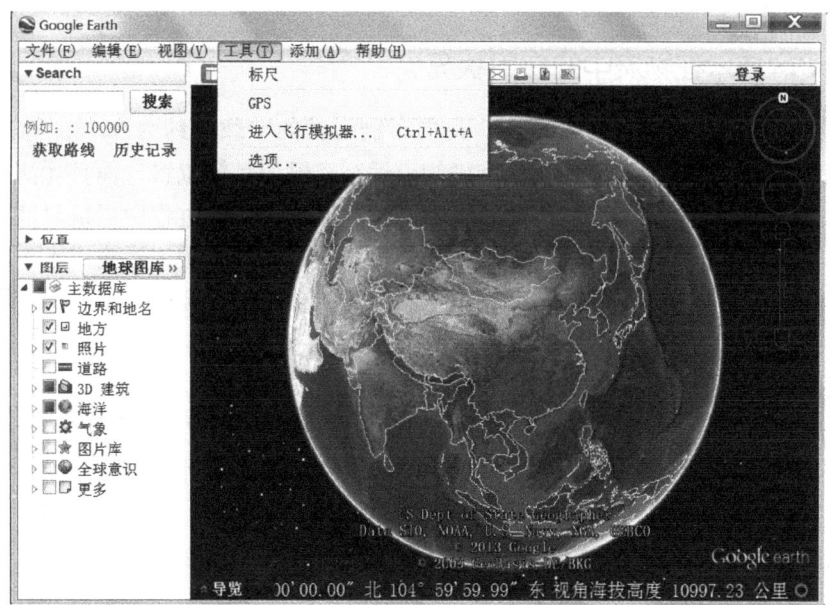

图 7-2 Google Earth 的工具条

(3) 常用按钮操作方法，如图 7-3 所示。

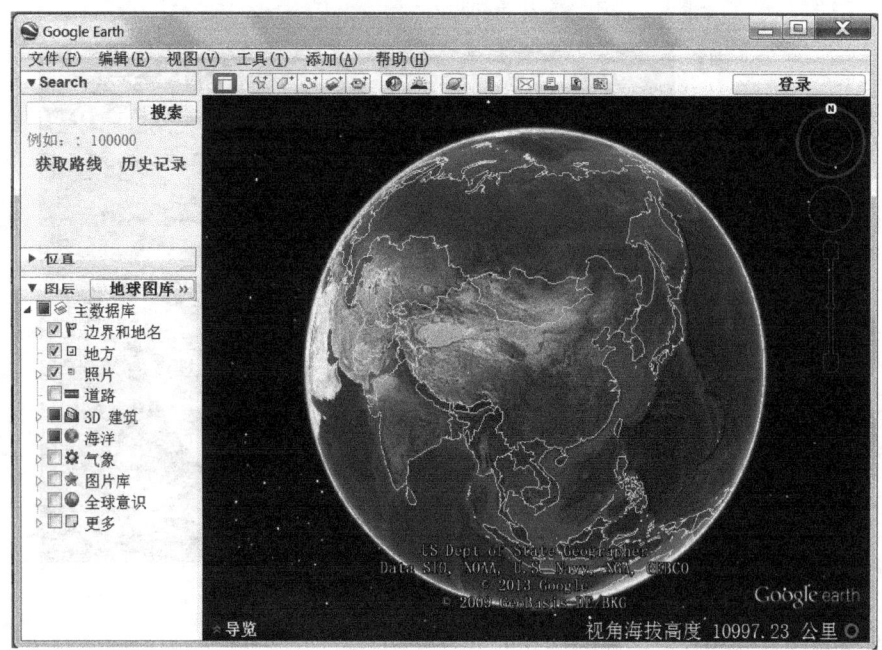

图 7-3　Google Earth 常用按钮

三、GIS 技术在物流中的应用状况

据中国仓储协会的调查报告显示，我国车辆运营的空载率约为 45%。造成这种情况的重要原因之一就是物流企业无法准确知道运行车辆的具体位置，而且无法与司机随时随地保持联系，不能为其组织货源和灵活配货。同时，运输过程中司机只能凭个人经验确定行驶路线，有时不能找到最佳路径，不仅延误时机而且增加运输成本。最终客户也不能及时了解货物配送过程的情况，不能和物流企业协调配合。目前，随着网络技术的发展和通信技术的进步，以及跨平台、组件化的 GIS 和 GPS（全球定位系统）技术的逐步成熟，物流企业逐渐开始使用 GIS/GPS 技术打造自身的竞争力。

GIS 应用于物流分析，主要是指利用 GIS 强大的地理数据分析管理功能来完善物流分析技术，制定具体的物流运输方案。GPS 在物流领域的应用可以实时监控车辆等移动目标的位置，确定航海船队所处的海域，并根据道路交通状况、天气状况向移动目标发出实时调度指令。而 GIS、GPS 和无线通信技术的有效结合，再辅以车辆路线模型、最短路径模型、网络物流模型、分配集合模型和设施定位模型等，能够优化物流调度系统，建立功能强大的物流信息系统，能实时监控物流并且使运输成本最优。GIS/GPS 在物流企业的应用主要体现在以下几个方面。

（1）GIS/GPS 的应用必将提升物流企业的信息化程度，使企业的日常运作数字化、模型化，同时企业对拥有的物流设备和客户的任何一笔货物都能进行实时的监控，不仅能提高企业运作效率，而且能提升企业形象，增强企业竞争力，能够争取更多的客户。

（2）GIS/GPS 和无线通信的结合，使得处于流动状态的运输设备变得透明而且可控。由 GPS 获取实时道路信息，结合物流企业的决策模型库的支持，并根据物流企业的实际仓储状况，可以计算出最佳物流路径，提供运输导航，缩短运行时间，降低运行费用。利用 GPS 和 GIS 技术，可以对车辆、船只进行实时定位、跟踪、报警、通信等，能够满足掌握运输基本信息、对货运设备进行远程管理的需要，有效避免空载现象，同时方便客户通过因特网查询自身的货物在运输过程中的细节情况。例如，配送蔬菜的车辆在途中发生故障，传统物流企业往往不能及时找到故障车辆而使整车的蔬菜坏掉，损失惨重。而 GIS/GPS 能够方便地解决这个问题。另外，运输过程中人为因素也处处存在，GIS/GPS 能够有效地监控司机的行为。

（3）通过协调物流运输，促进协同商务发展，让物流企业向第四方物流角色转换，达到企业做大做强的目的。因为物流企业能够实时地获取每部车辆的具体位置、载货量，所以物流企业能系统监控运输业务，降低空载率。在这一职能的转变过程中，物流企业如果能依托某条供应链服务，则能充分发挥第四方物流的作用。物流企业通过运用无线通信、GIS/GPS 技术精确地获取运输车辆的信息，再通过因特网展示给企业内部和客户，从而把整个企业的运作、业务透明化，为协同商务打下基础。但是，如何将地理信息系统（GIS）、卫星定位系统（GPS）、无线通信（WAP）与因特网（web）集成一体化，并应用于物流和供应链管理信息技术领域，国内还没有完全成熟的案例。不过随着人们的重视和技术的进步，GIS、GPS、WAP 和 web 技术将融合在一起，共同辅助物流企业，减少物流漏洞，增强同类物流企业竞争力，帮助它们在竞争激烈的物流市场上站稳脚跟。

任务二 认识 GPS 全球定位系统

一、GPS 的概念及基本原理

全球定位系统（global position system，GPS）是由美国政府建设发展起来的，利用卫星在全球范围内实时进行定位、导航的系统。整个系统分成太空卫星、地面管制、使用者接收机三部分。

1. 太空卫星部分

系统由 24 颗绕地卫星组成，它们分成六个轨道，运行于约 20 200 km 的高空，绕行地球一周约 12 h，每个卫星不间断发射载有卫星轨道资料及时间的无线电波，提供给各种接收机。

2. 地面管制部分

为了追踪及控制上述卫星运转，所设置的地面管制站的主要功能是负责修正与维护每颗卫星保持正常运转的各项参数资料，以确保每颗卫星都能提供正确的信息给接收机。

3. 使用者接收机

用于追踪所有的GPS卫星，并实时地计算出接收机所在位置的坐标、移动速度及时间。民间所能拥有及应用的就是使用者接收机。使用者接收机的原理为：每颗太空卫星在运行时，任一时刻都有一个坐标值来代表其位置所在（已知值），接收机所在的位置坐标为未知值，而太空卫星的信息在传送过程所耗费的时间，可由卫星时钟与接收机内的时钟来进行计算，将此时间差值乘以电波传送速度（一般定为光速），就可计算出太空卫星与使用者接收机间的距离，可以利用三角向量关系来列出一个相关的方程式。使用者的接收机就是依上述公式来计算出所在位置的坐标资料，接收机每接收到一颗卫星的数据就可列出一个相关的方程。在最基本的情况下收到三颗卫星的数据后，即可计算出平面坐标（经纬度）值。若收到四颗卫星的数据则加上高程值，如果同时有五颗以上卫星的数据更可提高准确度，这就是GPS的基本定位原理。一般来说，使用者接收机收到的每一秒坐标资料都是最新的，也就是说接收机会自动不断地接收卫星信息，并实时地计算其所在位置的坐标资料，接收机显示的资料永远为最新的确切数据。

（1）使用环境限制。由于卫星是处在相当高的运行轨道上，其传送的电镀信号相当微弱，因此它不可能像一般通信无线电或手机等可在室内使用或收到信号，在使用时需注意下列事项。

①卫星信号容易被建筑物、金属遮盖物、浓密树林等所阻挡，此时将无法获得足够的卫星信息来计算出所在位置的坐标，所以需在室外及天空开阔度较佳的地方才能使用接收机。

②1.575 GHz左右的强电波对GPS数据影响很大（尤其是高压电塔下方），此类环境易将卫星信息遮盖掉，使得接收机无法获得足够的卫星信息来计算出其所在位置的坐标。

③由于所使用的海平面基准点不同，所以GPS所计算出的高程值并非是一般所说的海拔高度及气压计量测的高度，因此在使用时应注意此点。

（2）导航的基本原理。GPS的基本应用就是导航与定位，上文已描述过定位，而导航方面就是利用所求出的定位资料来计算处理。接收机所计算出的任何时刻坐标资料在GPS里都称为一个航点（wapoint），也就是说每个航点所表示的就是一个坐标值，一个比较重要或特殊的航点。可以把它存储在接收机内，并为其命名，以方便辨别。地球表面上的任何位置都可以用不同的坐标值来表示，因此只要知道两个不同航点的坐标资料，接收机就可立即计算出两个航点间的直线距离、相对方位，并且能计算出航行速度，这样就生成了GPS接收机导航资料。例如，目前用户在北京市，希望往南旅行，第一个目的地是郑州市，第二个目的地是深圳；从起点至终点，每站就都是个航点，航点与航点间的行程称为航段（leg），从起点依序经过各点至终点深圳。

只要事先将各点的坐标资料（利用地图或查询相关资料）输入GPS接收机内，就可建立许多航点资料，要使用时再将其调出来，利用GPS接收机的导航功能对各航段进行导航。而当进行导航时，为了修正行进方向，GPS提供了航线偏差的指示功能（course deviation indication，CDI），只要行进时偏离原有航道，GPS就会自动提示用户，这就是CDI的作用。

由此可知，要利用 GPS 的导航功能，最基本的就是先建立航点的资料，然后存储在接收机内。这样不管是要做航点与航点间的导航，还是要编辑一条航线，都可直接利用内存中的航点资料，也可以说"航点"是 GPS 接收机导航功能所需的最基本资料。

二、四大导航系统

除了美国的 GPS 之外，中国的北斗卫星导航系统（BDS）、俄罗斯的格洛纳斯系统（GLONASS）以及欧盟的伽利略系统（GNSS）是目前世界上另外 3 个著名的导航系统，它们与美国的 GPS 一起并称全球四大卫星导航系统。

表 7-1 全球四大卫星导航系统

名称	隶属国家或地区	卫星个数	定位精度	使用对象	建成时间
GPS	美国	24	精度约为 10 m	军民两用	1994 年
BDS	中国	35	"北斗一号"精确度在 10 m 之内；"北斗二号"可以精确到厘米之内	军民两用	2012 年
GLONASS	俄罗斯	24	精度在 10 m 左右	军民两用	2012 年
GNSS	欧盟	30	定位误差不超过 1 m	民用	2015 年

北斗卫星导航系统是我国完全自主研发的卫星导航系统。20 世纪后期，中国开始探索适合国情的卫星导航系统发展道路，逐步形成了三步走发展战略：2000 年年底，建成北斗一号系统，向中国提供服务；2012 年年底，建成北斗二号系统，向亚太地区提供服务；计划在 2020 年前后，建成北斗全球系统，向全球提供服务。2035 年前还将建设完善更加融合、更加智能的综合时空体系。

三、全球定位系统接收机的选购和使用

GPS 信号接收机的任务是：能够捕获到按一定卫星高度截止角所选择的待测卫星的信号，并跟踪这些卫星的运行，对所接收到的 GPS 信号进行变换、放大和处理，以便测量出 GPS 信号从卫星到接收机天线的传播时间，解译出 GPS 卫星所发送的导航电文，实时地计算出测站的三维位置，甚至三维速度和时间。

在静态定位中，GPS 接收机在捕获和跟踪 GPS 卫星的过程中固定不变，接收机高精度地测量 GPS 信号的传播时间，利用 GPS 卫星在轨的已知位置，解算出接收机天线所在位置的三维坐标。而动态定位则是用 GPS 接收机测定一个运动物体的运行轨迹。载体（如航行中的船舰、空中的飞机、行走的车辆等）上的 GPS 接收机天线在跟踪 GPS 卫星的过程中相对地球而运动。接收机用 GPS 信号实时地测得运动载体的状态参数（瞬间三维位置和三维速度）。

接收机硬件和机内软件以及 GPS 数据的后处理软件包构成了完整的 GPS 用户设备。GPS 接收机的结构分为天线单元和接收单元两大部件。对于测地型接收机来说,两个单元一般分成两个独立的部件,观测时将天线单元安置在测站上,接收单元置于测站附近的适当地方,用电缆线将两者连接成一个整机,也有的将天线单元和接收单元制作成一个整体,观测时将其安置在测站点上。

GPS 接收机一般用蓄电池做电源,同时采用机内机外两种直流电源。设置机内电池的目的在于更换外电池时不中断连续观测。在用机外电池的过程中,机内电池自动充电。关机后,机内电池为 RAM 供电,以防止丢失数据。

近几年,国内引进了许多种类型的 GPS 测地型接收机。目前,各种类型的 GPS 接收机的体积越来越小,重量越来越轻,这有利于野外观测。

GPS 和 GLONASS 兼容的全球导航定位系统接收机已经问世。

GPS 卫星发送的导航定位信息是一种可供无数用户共享的信息资源。对于陆地、海洋和空间的广大用户,只要拥有能够接收、跟踪、变换和测量 GPS 信号的接收设备,即 GPS 信号接收机,则可以在任何时候用 GPS 信号进行导航定位测量,根据使用目的的不同,用户要求的 GPS 信号接收机也各有差异。目前世界上已有几十家工厂生产 GPS 接收机,产品也有几百种。这些产品可以按照原理、用途、功能等来分类。

(1) 按接收机的用途分类。

①导航型接收机。此类型接收机主要用于运动载体的导航,它可以实时地给出载体的位置和速度。这类接收机一般采用 C/A 码伪距测量的原理,单点实时定位精度较低,一般误差为 25 mm,有 selective availability(选择性可用性)影响时误差为 100 mm。这类接收机价格便宜,应用广泛。根据应用领域的不同,此类接收机还可以进一步分为以下几类。

车载型——用于车辆导航定位。

航海型——用于船舶导航定位。

航空型——用于飞机导航定位。由于飞机飞行速度快,因此在航空上用的接收机要求能适应高速运动。

星载型——用于卫星的导航定位。由于卫星的速度高达 7 km/s 以上,因此对接收机的要求更高。

E 路航 LH700(车载型)还具有强大的多媒体播放功能,支持 VCD、DVD、MPEG4、AVI、MP3 等音视频文件的播放,即 E 路航 LH700 是一款优秀的 GPS 卫星导航仪,其配置如表 7-2 所示。

表 7-2　E 路航 LH700 的配置

设备类型	GPS 卫星导航器
CPU	Samsung S3C2440A @ 400 MHz
内存	Samsung NAND-32MB(32MB*8bit)K9F5608UOB*1PC

续上表

设备类型	GPS 卫星导航器
屏幕尺寸	4.3 英寸
操作系统	Windows CE 5.0 Core Version
接收机	SiRF Star Ⅲ，内置天线
接口	MINI USB
存储卡	SD/MMC Card
电池	18 650　2 200 mAH

②测地型接收机。测地型接收机主要用于精密大地测量和精密工程测量。这类仪器主要采用载波相位观测值进行相对定位，定位精度高。仪器结构复杂，价格较贵。

GX1230GG 为 72 通道、双频 RTK 测量接收机，接收机集成电台、GSM、GPRS 和 CDMA 模块，具有连续检核（smart Check +）功能，可防水（水下 1 m）、防尘、防沙。它在 20 Hz 时的 RTK 距离能够达到 30 km 甚至更长，并且可保证厘米级的测量精度，基线在 30 km 时的可靠性是 99.99%。

③授时型接收机。

这类接收机主要利用 GPS 卫星提供的高精度时间标准进行授时，常用于天文台及无线电通信中时间同步。

XL－DC 的主要优点是可实现多种功能的模块集成结构。多种即插型时间和频率模块选项满足对 XL－DC 的个性化应用以及将来的轻松升级。

TRUETIME 的多星共同跟踪技术能够提供非常稳定的、精确的时间输出。相对于 UTC 而言，其时间精度小于 40 ns，内部振荡器精度优于 1×10^{-12}，其性能指标如下所述：

·时间精度 UTC/USNO：<40 ns rms（峰值 15ons，跟踪 8 颗卫星）。

·接收频率：1575 MHz L1 C/A 码。

·跟踪：8 个并行通道，共同跟踪技术。

·位置精度：经纬度、高度小于 10 m（24 h 位置平均）。

·捕获时间：热启动典型值 < 2 min；冷启动典型值 < 20 min。

（2）按接收机的载波频率分类。

①单频接收机。单频接收机只能接收 L1 载波信号，测定载波相位观测值进行定位，由于不能有效消除电离层延迟的影响，单频接收机只适用于短基线（小于 15 km）的精密定位。

②双频接收机。双频接收机可以同时接收 L1，L2 载波信号。利用双频对电离层延迟的不同，可以消除电离层对电磁波信号延迟的影响。因此双频接收机可用于长达几千米的精密定位。

（3）按接收机通道数分类。GPS 接收机能同时接收多颗 GPS 卫星的信号，为了分离接收到的不同卫星的信号，以实现对卫星信号的跟踪、处理和量测，具有这样功能的器件称为天线信号通道。根据接收机所具有的通道种类可分为多通道接收机、序贯通道接收机、多路多用通道接收机。

（4）按接收机工作原理分类。

①码相关型接收机。码相关型接收机是利用码相关技术得到伪距观测值。

②平方型接收机。平方型接收机是利用载波信号的平方技术去掉调制信号来恢复完整的载波信号。通过相位计测定接收机内产生的载波信号与接收到的载波信号之间的相位差来测定伪距观测值。

③混合型接收机。这种仪器是综合上述两种接收机的优点，既可以得到码相位伪距，也可以得到载波相位观测值。

④干涉型接收机。这种接收机是将 GPS 卫星作为射电源，采用干涉测量的方法来测定两个测站间的距离。

四、全球定位系统在物流中的应用

GPS 物流监控系统主要由监控中心、无线通信网络、GPS 车载设备三大部分组成，以车辆的 GPS 定位信息为依据，通过现代数字通信及 GIS 分析手段的综合信息技术应用系统，实现了对各种物流车辆的科学的、系统的、综合的监管，对货运车辆及场地等资源的合理配置、调度，提高管理效率，降低运营成本，并为反劫防盗提供了有效的手段。

系统借助无线通信网络实时定位的优势，可及时掌握物流现状，极大地扩展了运营商的服务领域和品质，强化了客户凝聚力，增强了盈利水平，提高了竞争实力。而大容量行车记录器的应用进一步降低了系统运行成本，并对物流数据的后期分析处理、挖掘资源潜力、强化管理，以及公司的全数字化信息化管理提供了理想的手段。监控中心不仅提供了实时监控、行车记录同放、保管等基本功能，还提供了相关的数据分析、运营资源管理等工具，提高了管理、服务能力。

监控中心是整个系统的核心，根据系统的规模可设计成分布监控中心。监控中心同时也是通信枢纽，负责与 GPS 车载设备的信息交互和各个分中心的网络互联，完成各种信息的分类、记录和转发，以及分中心之间业务信息的流动，同时对整个网络状况进行监控管理。监控中心采用呼叫中心技术、无线数据通信和无线语音通信，结合 GIS 技术和 GPS 车载设备，通过呼叫应答、调度派单的形式，实现车辆的智能调度，达到强化车辆管理、提高调度效率、降低运营成本的目的。监控中心同时接收 GPS 车载设备上传的车辆信息，提供跟踪定位、监听录音和远程控制等措施。监控中心也是行车数据存储、回放、分析的平台。

GPS 车载设备由 GPS 接收单元/GSM 无线通信单元、控制单元、记录单元以及天线等组成。GPS 车载设备通过 GSM 无线通信网络与监控中心进行双向信息传输；它接收 GPS 定位信号，对车辆的状态进行检测，并将状态数据传送到监控中心，接收监控中心的调度信息或控制数据，并对车辆进行控制；同时，车载设备将车辆行驶状态数据实时记录在电子盘中，以供后期处理。

无线通信网络是 GPS 车载设备与监控中心信息交互的通道。其将 GPS 定位信息、求救、服务请求等信息准确及时地传回中心；将中心的应答、服务、控制等信息准确及时地传给移动端，如图 7-4 所示。

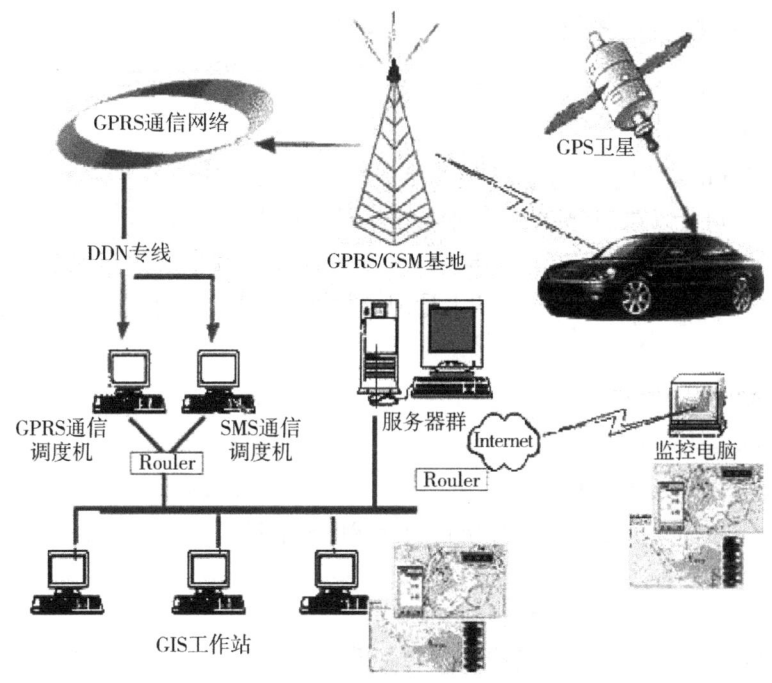

图 7-4　GPS 无线通信网络

设计指标包括以下几方面。

（1）系统效用：实现通过 Internet 随时随地地对车辆位置信息进行查询监管、车辆调度、行车记录。

（2）系统容量：监控中心采用叫扩充的总中心、分中心多地区管理，单个中心设计实时监管能力为百台移动目标（使用数据专线连接短消息中心无此限制），分时管理及行车记录管理无容量限制（车辆管理数据在分中心存储处理），总中心仅对各级分中心进行管理和监控，可访问各级分中心数据，分中心可根据需要灵活扩展。

（3）系统覆盖通过分布地区中心可完成全国联网覆盖。

（4）系统通信：中心间通信采用因特网；中心与车载系统间通信通过 GSM 短消息网络中心与 GSM 短消息中心采用无线调制解调器（或数据专线）连通。

（5）系统兼容性：监控中心由车辆临管系统及地理信息系统关联构成平台，架构基于 CS 模式，如选用 BS 模式可支持 web 查询及监控管理（无论是用户还是值班管理员，只是权限不同）；模块化设计，支持新业务扩展；兼容多种车台通信格式。

任务三 GIS 的应用实训

一、GIS 软件的安装调试

Google Earth 整合 Google 的本地搜索以及驾车指南两项服务，能够鸟瞰世界，将取代目前的桌面搜索软件。

Google Earth 采用的 3D 地图定位技术能够把 Google Map 上的最新卫星图片推向一个新水平。用户可以在 3D 地图上搜索特定区域，放大缩小虚拟图片，然后形成行车指南。Google Earth 主要通过访问 Keyhole 的航天和卫星图片扩展数据库来实现上述功能。它含有美国宇航局（NASA）提供的大量地形数据，未来还将覆盖更多的地形，涉及田园、荒地等。

1. GIS 软件的功能

（1）Google Earth 免费版。

其功能主要有以下几种。

①结合卫星图片、地图，能轻松查询全球地理信息。

②从太空浏览地形。

③支持目的地查询，直接跳转到目的地。

④能搜索学校、公园、建筑物等公共场所。

⑤能根据起始点、终点自动生成驾车指南。

⑥能提供清晰的 3D 地形和建筑物，支持倾斜或旋转浏览方式。

⑦保存和共享搜索和收藏夹，定制个性化界面。

⑧添加自己的注释，方便再次查看。

（2）Google Earth Plus 版。

Google Earth 是免费版软件，另外，还有一款 Google Earth Plus 是需要付费的，它提供了更多的服务，主要包括以下几种。

①兼容 GPS（全球定位系统），方便配合使用。

②支持高清晰度、高质量的打印。

③支持电子邮件客户服务，保持快捷、畅顺的沟通。

④更加丰富的注释，体现更多的细节。

⑤支持数据导入，支持从 CSV 文件读取地址信息。

⑥能提供 3D 地形和建筑物，其浏览视角支持倾斜或旋转。

⑦保存和共享搜索和收藏夹，定制个性化界面。

⑧添加自己的注释，方便再次查看。

2. Google Earth 软件的安装

下面讲解 Google Earth 软件的基本安装过程。注意，本版本的 Google Earth 软件安装过程是在 Windows XP SP2 环境下进行安装的，在其他的操作系统或不同版本的 Google Earth 软件安装过程将稍有差异。

第一步：从因特网上下载 Google Earth 地图软件。当出现保存文件的提示框时，单击"保存"按钮选择保存位置之后，文件开始下载。

第二步：安装过程。

（1）双击运行刚才所保存的 Google Earth 安装文件。

（2）如果 Windows XP SP2 开放了防火墙功能的话，会有警告提示，只要单击"运行"按钮即可。

（3）在安装欢迎界面，单击"Next"按钮，进入下一步操作界面。

（4）选择"1 accept the terms of the license agreement"选项，表示同意 Google Earth 的安装协议，然后单击"Next"按钮进入下一步操作界面。

（5）选择"Complete"选项进行完全安装，默认安装目录为 C:\ ，如果要安装到其他盘则应选择"Custom"选项进行自定义安装。这里选择"Complete"选项进行默认安装，单击"Next"按钮进入下一步操作界面。

（6）单击"Install"按钮进行安装。

（7）单击"Install"按钮之后，会出现安装进度条。"1 will allow this information to be sent"表示允许 Google 收集本机信息，默认是选中的，这里可以取消选中，单击"Next"按钮继续。

（8）此时会出现三个选项，分别是：同时安装 Google 工具条；设置 Google 为本机默认搜索引擎；现在运行 Google 地图软件。可以根据要求进行选择，最后选择第 3 个选项，单击"Finish"按钮，完成安装。

（9）如果选择了"Yes, I want to launch Google Each now"选项，Google Earth 程序将在用户单击"Finish"按钮之后自动启动。

（10）出现启动初始界面后，就可以在软件界面上的地球上选择任意一个地点，然后双击，或者移动鼠标的中间键进行视觉的放大和缩小。在程序的左上角，有个 FIV To 文本框，可以输入任意地方的名字，如输入"China"即可直接跳转到中国的地图上方。当然还有更多其他的功能，方便用户搜索，可以尽情地浏览地球的山川湖泊。

Google Earth 安装完成后，桌面上会自动添加图标，如图 7-5 所示。

图 7-5　Google Earth 图标

初次使用 Google Earth，最难的就是它的中文 BUG，常出现无法存储坐标点、打不开已有的 KML 坐标点文件、打不开指南针、到处是 can't find image 的警告，界面上有时候还会出现一个个白块等情况。其实原因很简单，因为 Google Earth 是为英语用户设计的，它要求其路径中不能有中文，不仅是安装路径中不能有中文，默认的存储路径中也不能有中文。遇到此类情况，只需要卸载软件，选择英文目录安装软件，最后重新启动 Windows XP，软件即可正常运行。Google Earth 支持直接输入中文，但是 Google Earth 不支持有些中文字体，这时只要打开记事本程序，输入完整的中文信息，然后将输入内容复制到 Google Earth 的编辑框就可以正常显示了。

最后要注意的是，如果要读取下载的坐标点文件（KML、KMZ 格式文件），一定要把它们放在一个英文目录中，而且根目录、目录名都没有中文，否则会出现读不出相关数据的现象。

二、使用 GIS 进行目标地址定位

地标是 Google Earth 的快捷标签。就像 IE 浏览器的收藏夹菜单项能快速打开保存的网页一样，地标可以让用户快速打开其指向的目的地三维地图。

要使用 Google Earth 地标，只需双击即可，地标可以由用户自己动手添加，还可以像 IE 收藏夹那样进行导入导出，方便用户把发现到的好地方与朋友一起分享。

在 Google Earth 里加入一个地标很容易，只需按【Ctrl + N】组合键，它就会在目录地形的正中心加个地标，然后命名，拉到大概的地方即可。但是，这样的地标有时相差几千米。失之毫厘，谬之千里，这样的地标导航的实用价值不大。

为了可以把准确的 GPS 航点信息和 Google Earth 的 3D 地理结合起来，这里要用到以下程序：Google Earth 地标自动标注程序和 GPS 程序 MapEdit。使用步骤如下所述。

将 GPS 的航点（航迹）数据文件下载到硬盘，以 HOLXGM101 为例，它是两种文件：*.tlg（航迹）和 *.wrt（航点）。

（1）打开 MapEdit，打开 *.tlg（航迹）或 *.wrt（航点）文件。

（2）用鼠标定义要转换的航迹或航点，注意，有个小圆圈的航点是定义上的。

（3）在定义上的航点上右击，选择"convert to"→"point"选项。

（4）将它们转换成任一格式，然后单击"OK"按钮。

（5）利用 Save As 命令另存为 *.mp 文件，将 mp 文件复制到 C:\get 目录下（Google Earth 地标自动标注程序的使用目录）。

（6）打开 Google Earth 地标自动标注程序，输入选做好的 *.mp 文件，输出则任意命名。

（7）Google Earth，按【Ctrl + O】组合键，打开此 KML 格式文件。

（8）转换完成，这个例子里转换了广东和海南沿海的几十个地标，准确度为 100%。

（9）还可以单击右键，重新编辑它的名称、内容，观看高度等信息。

注意，在 MapEdit 另存之前，如果没有完成（3）、（4）两步的转换操作，则保存下来的 *.mp 文件就是空的了，*.mp 文件将不能被转换成 Google Earth 信息。

任务四　GPS 的应用实践

一、车载 GPS 货物跟踪操作应用

第三方物流 TPL（third party loistics），是指由物流劳务的供方、需方之外的第三方去完成物流服务的物流运作方式。第三方就是指提供物流交易双方的部分或全部物流功能的外部服务提供者。

通过电子商务系统网络化的虚拟企业将散置在各地的分属不同所有者的仓库通过网络系统连接起来，使之成为"虚拟仓库"，进行统一管理和调配使用，其服务半径和货物集散空间放大了。

网络的应用可以实现对整个物流过程的实时监控和实时决策。当物流服务系统的任何一个神经末端收到一个需求信息的时候，该系统都可以在极短的时间内做出反应，并可以拟订详细的配送计划，通知各环节开始工作。

由于网络系统的介入，大大简化了物流与配送的时间，对物流服务的速度提出了更高的要求，因为任何一个有关配送的信息和资源都会通过网络管理在几秒内传到有关环节。为解决这个问题，可以使用第三方物流管理模拟系统软件 3PL Soft v 1.0。

3PL Soft v1.0 的 6 个角色包括生产企业（卖方）、商场（买方）、物流调度中心、车队、发货仓库、收货仓库。生产企业和商场之间通过订单进行交易，一旦交易达成，生产企业委托物流调度中心（第三方物流企业）进行货物的配送，物流配送中心便对相应的车队和发货仓库、收货仓库进行调度，完成一系列的物流配送任务。系统中的 16 个实验步骤和 22 个功能模块逐一体现了第三方物流的管理思想和管理模型。

二、安装 GPS 接收机

由于车型、具体功能应用要求、车辆电压不同，安装 GPS 接收机的具体注意事项就不相同，这里只介绍安装中需要注意的通用性问题。

（1）安装前先确认插入终端的 SIM 卡余额是否满足移动通信要求，是否开通 GPRS 功能。

（2）请先确认所有设备和连接线连接正确后，再接通主机电源，切勿在主机通电的情况下安装和拆卸，如出现故障请先切断电源，否则容易损坏设备。

（3）GPS 车载终端安装、设置完毕后，先启动车辆试车，确保车辆各部分工作正常后，方可上路行驶。

（4）引线时，注意线不要放在被挤压及高温的地方；走线时，控制线不宜拉得过直，以免内部导线断裂；剥线时，内部导线不得受损或剪断，导线应保持完好无损。

1. 主机的安装（位置和方式）

（1）安装位置。选择主机的安装位置时应根据车型的不同来具体分析，需考虑几方面因素：防水、防尘、隐蔽性、走线的方便性。以下事项请特别注意：

①防水：主机内含精密器件，应选择不易进水的位置，以保持主机的干燥；另外要注意远离空调，若离空调近，在温差变化时，会有冷凝水积聚在车台表面，严重影响设备的使用寿命。

②防震：主机不能悬空或装在长期振动位置。

③防高温：主机应避开车内的高温部位。

④布线：有的大型车有总控开关，此设备安装位置还需考虑电源线的接法。

（2）安装方式。主机应采用隐蔽安装，如车辆后排座位靠垫后方或汽车后备厢，手柄在车辆前方仪表盘左右选一合适位置安装，以使用方便、外观美观为原则。另外，手柄要避免阳光直射，否则会缩短使用寿命。

安装位置选好后，车台的固定宜采用3M胶、金属扎线及螺丝三种方式同时处理。设备和器件的连接线需隐蔽安装，以避免人为无意或有意地损坏。

2. 电源线的安装（取电与接线）

通过对已安装GPS车载终端运行情况的长时间观察，可以发现绝大部分设备的异常问题是由对设备供电的车辆电源的电压不稳定、波动较大、搭铁不良导致的。尤其是安装在24V车辆上的设备发生故障的频率较高，容易出现设备烧毁、数据丢失等现象。为减少上述情况的发生，要求采用以下方式来解决GPS车载设备供电的问题。

（1）电源电压是12 V的车，设备电源线应从车辆仪表盘下的保险盒主电源处取正电，设备的负极线应连接到仪表盘下的主搭铁线上或直接搭铁，但要确保搭铁处导电良好；ACC从钥匙盘下面的线束里取电或接在保险盒的ABS开关上亦可。

（2）电源电压是24 V的车，为保证设备的稳定运行，需要增加一个电压转换器DC－DC，DC－DC的正极线在仪表盘下的保险盒主电源处取正电，其负极线应连接到仪表盘下的主搭铁线上或直接搭铁，但要确保搭铁处的导电良好。

（3）对于大型车辆特别是使用年限比较久后，由于电压调节器的老化、蓄电池用久失效造成内阻偏大等因素，容易造成电压的波动范围较大。某些车辆还能对车辆电压的输出进行手动的变压，对于以上情况的车辆建议加装电压转换器DC－DC。

3. GPS天线的安装（屏蔽与走线）

GPS天线的安装要求正面（弧形面）必须能够直接接收到卫星的信号，因此在安装时任何在天线上方对天线起电磁屏蔽作用的遮挡物将影响GPS天线的接收效果。起屏蔽作用的包括铁板、汽车金属车体、建筑物（钢筋混凝土）、地下车库等。因此，GPS天线必须安装在其上方无金属物（电磁屏蔽）的位置。一般来说有以下几处可以安装GPS天线。

（1）首先考虑安装在车棚顶部以达到最佳的接收效果。

（2）对于某些车辆走线不方便的情况下，可以安装在前挡风玻璃或后挡风玻璃下。

（3）对于某些特定行业，可以安装在仪表板内（仪表板上方是塑料和玻璃）。

安装时要注意以下三点：

（1）GPS天线的弧形面必须朝上（朝天），不能竖立或倒置安装，否则会严重影响接收效果。

（2）小车的挡风玻璃一般都贴有隔热膜（防爆膜），隔热膜中的金属丝会对GPS信号的接收起屏蔽作用。如果金属丝较密的话，接收的效果将会比较差。解决的办法是将GPS天线上方附近的隔热膜撕掉。

（3）有些时候，GPS天线的安装位置比较深（低）或直接装到后备厢里，导致其能够良好接收到卫星信号的角度较小，会使其在部分时段无法良好定位。为了达到最佳性能，GPS天线的平底面的安装应尽量保持平整，倾斜度最好不要超过45°。

提醒：GPS接收的来自空中的GPS卫星信号，由于GPS卫星不是地球的同步卫星，因此其相对车辆的位置是一直变动的。所以，在某一时段（对不同地区，这个时段不一样），由于卫星的相对角度较小，容易受到车辆周围的建筑等遮挡物的屏蔽作用的影响，从而导致接收效果较差。一般来说，每个地区在特定时段都会出现GPS定位效果较差的情况。

4. GSM天线的安装（位置与布线）

GSM网络信号的强弱直接影响到设备车载电话通话的质量和通话的稳定性以及数据传输的可靠性。

（1）GSM天线不允许安装在金属屏蔽物内。

（2）为了防止信号被干扰，GSM天线要避免与其他控制线交缠在一起。

（3）为了避免GSM信号对车内无线设备造成干扰（如收音机），建议GSM天线与这些设备的距离不小于50 cm。

（4）GSM天线可以安装在前挡风玻璃或后挡风玻璃下，为了美观，建议采用隐蔽安装。

（5）为了得到较好的效果，主机与GSM无线、GSM天线与GPS天线最好不要放在一起，尽量离开一段超过15 cm的距离。

（6）GSM天线可以用扎带或者双面胶固定，主机接头要对准主机的接口且确保拧紧，以免长期振动造成接头松动，影响信号的接收与传输。

5. ACC线

（1）设备的ACC控制线接在汽车启动回路的ACC点火线位置，设备利用ACC线来检测汽车的启动、停止状态；设备停止工作后要重新工作的时候需要ACC线的高电平来触发其启动工作；另外，设备的位移报警及其他功能是需要ACC的电压来判断的，所以设备必须和车辆的ACC线连接。

（2）如果不想接ACC线，可将设备的ACC控制线直接接+12 V，这样设备GPS模块将一直工作，设备主机将一直将车辆的状态判断为点火状态，此时利用ACC状态来判断车辆状态的功能将失效，如位移报警。

（3）如果在车辆的ACC开关上取电不容易操作的时候，可将ACC线接在保险盒的ABS开关上，这样也可达到相同的效果。

6. SIM卡的安装

SIM卡装入终端指定插槽，带有芯片一面应该朝下，小心轻插，避免用力过猛折断卡座，确保SIM卡的接触良好且不易脱落。

7. 备用电池

备用电池用于当终端主电源不供电时支持设备继续工作。主电源正常供电时对备用电池充电,安装了备用电池的设备具有断电报警的功能。

思考题

1. GIS 与 GPS 有什么联系?各自有什么功能?
2. GIS、GPS 与物流系统有什么关系?
3. 安装 GPS 设备时要注意什么?

参考文献

[1] 朱海鹏. 物流信息技术：新技术应用与实践立体化教程［M］. 北京：人民邮电出版社，2018.

[2] 高连周. 物流信息技术应用［M］. 南京：南京大学出版社，2016.

[3] 陈文. 物流信息技术［M］. 北京：北京理工大学出版社，2011.

[4] 谈慧. 物流信息管理［M］. 大连：大连理工大学出版社，2008.

[5] 张谦. 现代物流与自动识别技术［M］. 北京：中国铁道出版社，2008.

[6] 何阿毡. 物流信息技术［M］. 北京：知识产权出版社，2008.

[7] 姚志英. 物流信息技术与信息系统［M］. 上海：上海交通大学出版社，2009.

[8] 操阳，李卫华. 连锁经营实训［M］. 大连：东北财经大学出版社，2008.

[9] 林贤福. 仓储与配送管理［M］. 北京：北京理工大学出版社，2009.

[10] 黄浩. 仓储管理实务［M］. 北京：北京理工大学出版社，2008.

[11] 李振. 物流系统规划与设计［M］. 武汉：武汉理工大学出版社，2008.

[12] 胥洪娥. 配送中心运营与管理［M］. 天津：天津大学出版社，2009.

[13] 吴周同，缪华昌，闸文钢. 物流经理案头手册［M］. 北京：人民邮电出版社，2008.